「うまくいかない」に
効くフレーズ

授業づくりの
言い換え
ことば

松下 崇 著

明治図書

はじめに

毎日、たくさんの授業をしていても、「授業がうまくいったな！」と手応えがあるのは、一年間のうちほんの数回のことではないでしょうか。それ以外の多くの授業は、「うまくいくにはどうしたらいいのだろう？」と日々考えながらも、その問題を解決せず先送りにしているのが現状でしょう。

あるとき、若い先生が公開した研究授業を参観しました。放課後にその授業について検討をしているときに「授業がうまくいかないときは、大抵同じところでつまずいている」と気がつきました。最初は、「経験が浅い先生がよく陥る特有の問題なのかもしれない」と考えましたが、どうもそうではないようです。というのも、ベテランといわれる先生でも研究授業などで同じようなことにつまずき、うまくいかないということが何度もあったからです。そして、その授業を検討すると、必ず同じ問題に行き着くのです。

全国にはたくさんの教師がいて、そして授業が行われています。さらに、

「研究授業」と題して、授業のあるべき姿が検討されてもいます。にもかかわらず、同じところでつまずき、その解決策が共有されていないということであれば、大きな問題といえます。

実は、このような問題は今に始まったことではなく、ずいぶん昔から指摘されてきたことです。授業というものは、「○○すれば△△になる」というような単純なものではありません。ある問題を解決しても、それに関連するいくつかの要素を考慮しながら、絶妙なバランスを保って進めていく必要があります。単純ではないからこそ、長い年月をかけて、多くの人々が今もよりよい授業を追求しているのだと思います。

文部科学省は、「主体的・対話的で深い学び」の実現に向けた授業改善とカリキュラム・マネジメントの取り組みを一層進めることを目的として、平成二十九年に告示された学習指導要領の総則に沿って、『『個別最適な学び』と『協働的な学び』の一体的な充実」について資料をまとめました(令和三年三月)。

一人一人の子どもに応じた学びを保障し、協働的に学びを深めることがこれまで以上に求められているといえます。

では、現在の学校現場はどのような状況でしょうか。学習指導要領の改訂とともに、「英語教育」「道徳の教科化」「ＩＣＴ機器の活用」など、さまざまな取り組みが新たに始まりました。さらに、新型コロナウイルス感染症の流行を経て、子どもたちとの関わりにおいても慎重さが求められるようになりました。コロナ禍前に比べ、子どもたち一人一人に合わせたきめ細かいケアが必要になってきたように思います。

教室で担任が行う業務が格段に増えている今、さらに「『個別最適な学び』と『協働的な学び』の一体的な充実」が求められているのです。

現在、「自由進度学習」や「探究学習」といったものが話題になっています。もちろん、それらの方法を取り入れ、自分が取り組んでいる授業のすべてを根本から変える方法もあります。根本からすべて変えるのですから、成功すれば大きな成果になりますが、うまくいかなければその反動は計り知れないものとなるでしょう。そう考えると、授業改善は自分のできる範囲で行っていくのが現実的といえます。

先進的な方法は取り入れつつ、「毎日の授業をどうするか？」と考えたときに、全国の多くの教室を思い浮かべ一歩前に進める書籍として本書を企画・執筆しました。

本書のタイトルを『授業づくりの言い換えことば 「うまくいかない」に効くフレーズ』としました。

序章では、「言い換え」を通して授業を考えるために、「教師が子どもに向かって発する言葉」について整理しました。まずはここを意識するだけで、授業は格段に改善されると思います。

第1章では、授業を行う前に押さえておくべき点を七つに絞って示しました。授業がうまくいかないとき、その原因をたどると見えてくる「授業をする前提として押さえておきたいこと」について考えていけたらと思います。

第2章では、授業を「導入」「展開」「まとめ」の三つに分け、それぞれで起きる「うまくいかない」場面を想定しました。そして、教師が子どもたちに話す言葉に注目して、「言い換え」という視点で解決の糸口を示しました。

教師が話す言葉を「言い換える」ということは、授業をどのように捉え、授業を行うとよいか再考する必要があります。それらを踏まえ、できるだけ具体的に示すようにしました。

また、先ほども述べましたが、授業は単純ではありません。一つのことを変更すると、そこから派生するさまざまな問題にも対応しなければなりません。その結果、もともと向き合っていたことに戻ることもあります。こうしたことを踏まえ、各場面の最後には「それでもうまくいかないときは…」というコーナーを用意しました。本書を行き来しながら、授業について考えていただければ幸いです。

本書が読者の皆様の手に届き、教師が日常の授業で抱えるつまずきが少しでも解消されることを願っております。

松下　崇

目次

第2章
「うまくいかない」に効く！言い換えフレーズ

［まとめ］

序章

「言い換え」るために、知っておくべきこと

——教師が子どもたちに話す言葉を「発問」「説明」「指示」に分類する

教師が授業中に子どもに発する言葉には、どのような種類があるのでしょうか。

私は若いころ、すべてを「発問」だと思っていました。しかし、あるとき、『発問上達法』（一九八八年）という大西忠治氏の書籍に出会いました。大西氏は「授業において教師が子どもに向かって発する言葉」を「指導言」と呼び、以下の三つに分類しました。

発問：子どもの思考にはたらきかける
説明：子どもの思考にも行動にもはたらきかける
　　　「発問」や「指示」のもととなる
指示：子どもの行動にはたらきかける

私はそのとき、教師が発する言葉をすべてまとめて「発問」と捉えていましたが、大西氏は、ずいぶん昔に教師の言葉を分析し、わかりやすく類型化していました。

では、もう少し詳しく「発問」「説明」「指示」について見ていきましょう。例えば、小学校三年生の理科の授業で、以下のように教師が子どもたちに話をしたとします。

磁石を机の「足」の部分に近づけると、引きつけられることを発見した人がいます。他にも引きつけられるものはあるでしょうか。他にも引きつけられるものがあるかどうか、今から磁石を使って確かめる時間とします。引きつけられるものを見つけたら、ノートに書きましょう。

どの部分が大西氏のいう「発問」「説明」「指示」に該当するのでしょうか。

発問：他にも引きつけられるものはあるでしょうか。
説明：磁石を机の「足」の部分に近づけると、引きつけられることを発見した人がいます。今から磁石を使って確かめる時間とします。
指示：引きつけられるものを見つけたら、ノートに書きましょう。

以上のように分けることができます。

これまでの研究授業では、教師が子どもに発する言葉「指導言」の中でも、「発問」を中心に検討してきたと思います。

確かに「発問」は、それ自体、奥深いものです。「子どもの思考にはたらきかける」ものですから、「発問」を間違えると「子どもの思考にはたらきかけない」ことになり、授業が止まってしまうこともあります。

だからこそ、これまでたくさんの人が時間をかけて検討してきたのですし、そこまでする価値があるといえます。

ただし、大西氏は、著書の中で次のようにも述べています。

> 授業にとって、教師の指導言として一番大切なのは「発問」ではなく「説明」である。
>
> その証拠に、「発問」なしでも授業はできるが、「説明」なしでは授業はできない。「発問のない授業」はどこにでもある。たとえば、大学の先生方の講義は、ほとんどそれである。

念のため断っておきますが、大西氏が『発問上達法』を出版したのは一九八八年です。当時の一般的なイメージとして大学の講義を挙げていますが、実際の状況や今の時代はまた別の話といえるでしょう。

先ほどの理科の指導言でも同様のことがいえます。「他にも引きつけられるものはあるでしょうか。」という「発問」がなくても、子どもたちは混乱することなく、磁石に引きつけられるものを探す活動に移っていくことが想像できます。

しかし、「他にも引きつけられるものがあるかどうか、今から磁石を使って確かめる時間とします。」という「説明」がなかったらどうでしょうか。

磁石を机の「足」の部分に近づけると、引きつけられることを発見した人がいます。他にも引きつけられるものはあるでしょうか。引きつけられるものを見つけたら、ノートに書きましょう。

この指導言では、実際に磁石を使って確かめてノートに書く子どもがいる一方で、自分の知識をもとにしたり教科書を見て調べたりしてノートにまとめる子どもが出てくるのではないでしょうか。そうなってくると、授業自体がうまく進まなくなります。

このことを考えると、「説明がわかりやすい」というのは非常に大切なことといえます。

また、「説明」と「指示」を一つの文にすることも可能です。

> 磁石を机の「足」の部分に近づけると、引きつけられることを発見した人がいます。他にも引きつけられるものはあるでしょうか。今から磁石を使って引きつけられるものを見つけ、見つけたものをノートに書きましょう。

「他にも引きつけられるものがあるかどうか、今から磁石を使って確かめる時間とします。」という「説明」と、その後に続く「指示」を一つの文章にまとめました。これは、「説明」として伝えていた内容を抽出し、「指示」の文章の中に取り入れたことになります。

さらに、「他にも引きつけられるものはあるでしょうか。」という「発問」を、「他にも引きつけられそうなものがあるか、隣の席の人とその理由を話し合いましょう。」という「指示」に変えるとどうでしょう。「隣の席の人と話し合う」という「指示」を出すことで、結果的に子どもの思考を促すことができます。こう考えると、一つの文の中に「指示」や

「発問」、「説明」の機能が複数入っている場合もあるということがわかります。

ここまでの内容をまとめると、以下のことがいえます。

- 「発問」は子どもたちの思考にはたらきかけるものであり、奥深いものであること
- 指導言の中では「説明」が最も重要であり、授業を成立させる根幹となっていること
- 一つの文の中に「発問」や「説明」、「指示」の機能が複数入っていることもあること

大西氏は「ある教えたい内容があって、それを生徒たちに示そうとする場合、『説明』とするか、『発問』とするか、『指示』とするか――いずれの『指導言』を選び取るかは、教師の側の考え、指導力、指導の技術によっても変わってくる」と述べています。「発問」「説明」「指示」のそれぞれの特性を活かし、バランスを考えて指導することが重要であるとわかります。

「言い換え」を考える際も、もともと教師が子どもに話していた言葉が「何に、どのような形ではたらきかけていたのか」をまず見極めることが大切です。

そして、言い換えたことで、その言葉が「何に、どのような形ではたらきかけることになるのか」を把握し、それが成立するための条件を整える作業が必要となるのです。

第 1 章

授業を行う前に、教師がやっておくべき７つのこと

1　教師と子どもの信頼関係をチェックする

教師は学校の教室において、集団のリーダーとして存在します。

そのリーダーである教師を、教室にいる子どもたちが信頼していなかったら、どのような状態になるのでしょうか。

信頼関係がなければ、教師が「○○をしましょう。」と子どもたちに投げかけても、子どもはその投げかけに対して様子を見るでしょう。周囲に様子を見ている人がたくさんいれば、不安になり、さらに行動が遅れます。

教室でさまざまなトラブルが起きたとき、信頼されていない教師が当事者の話を聞き、解決へと導こうとしても、なかなか解決できないでしょう。そして、解決ができないことで子どもたちの信頼をさらに失うという悪循環が生じます。

そのような信頼していない教師の授業を、子どもたちは意欲をもって受けるでしょうか。

つまり、教師が「授業がうまくできるようになりたい」と思い必死に努力し、授業技術を身につけたとしても、教師と子どもたちの信頼関係が構築できていなければ、よい授業は行えないということです。

よい授業は、教師と子どもの信頼関係の上に成り立つ

では、教師と子どもの信頼関係を構築するためには、どのようなことに注意すればよいのでしょうか。私は以下の点について、日常生活の中で常に意識するようにしています。

・楽しく親しみやすい雰囲気をもち、日常生活の中でコミュニケーションをとる
・子どもが困っているときには親身に相談に乗り、子どもが安心感をもてるようにする
・子どもが納得できるように叱る

若いころ、私は授業に余裕をもてなかったため、授業以外で上記のことを行ってきました。少し余裕が出てきた今は、授業の中でも上記のようなことを行うことができるようになりました。子どもたちが教師を信頼しているので、授業がうまくいくようになります。そうすると、さらに子どもたちからの信頼を得るという好循環が生まれるようになりました。

2　子ども同士の人間関係をチェックする

教師と子どもが信頼関係で結ばれていれば、子どもたちは安心感をもち、楽しく学校生活を送ることができるでしょうか。

学校は集団で生活する場所です。集団のリーダーである教師と信頼関係で結ばれていても、一緒に学校生活を送る周囲の子どもたちから嫌がらせを受けていたら、つらい学校生活を送ることになるでしょう。

したがって、教師は教室で子どもたちと過ごすその日から、子どもたちの人間関係がどのように構築されているかに気を配る必要があります。

教師と子どもの信頼関係があっても、子どもたち同士の人間関係が悪ければ、よい授業はできない

授業中、教師がグループ活動を指示してもうまくいかないときがあります。その要因を

探ってみると、子どもたち同士の人間関係に行き着くことがあります。具体的にいうと、

・互いの主張がぶつかり、トラブルに発展する
・それまでの経験からグループ活動に苦手意識があり、友達とコミュニケーションをとることができない

前者は能動的に行動することでトラブルにつながりますが、後者は互いに何もしないことでうまく活動ができていない状態です。教師は、前者のようなトラブルが起きないように指導し、後者のような状況では見守ってしまいがちです。

子どもたちが学校という場で集団生活を学ぶのですから、どちらの場合も、どのように接し、人間関係を築いていくとよいか、丁寧に教えることが大切です。

こうしたことを考えると、教室の座席配置は非常に重要な要素といえます。子どもたちの性格や能力に加え、人間関係を見ながら適切に配置することが重要です。

3　子どもの特性を確認する

授業を行ううえで、一人一人の子どもの特性を把握することは、必要不可欠です。学校生活では、教師が「A」ということを伝えたつもりでも、その子どもが「B」と受け止めてしまうことがありますし、その逆もあります。特に、特性が強い子どもは、情報を受け止め反応する際、教師を驚かせるような行動をとることがあります。

そう考えると、子どもが周囲からの情報を「どのように受け止めるか」を考えるだけでなく、教師がその子どもの行動を「どのように受け止めるか」を考えることも非常に重要です。

子どもと教師の両方の視点から、情報を「どのように受け止めるか」を考える

四月に出会い、授業をしていくうえで、一人一人の子どもの特性をすべて理解し対応することは難しいでしょう。子どもたちと一緒に過ごす中でわかってくることもたくさんあるからです。

私はまず、以下の視点で子どもの様子を観察するようにしています。

- 学年を考慮し、基礎的な学習（文字、作文、計算）がどのくらいできるか
- 学習中の姿勢や身だしなみの様子
- 持ち物の管理について
- 注意の向け方や持続の程度、指示への反応

四月のはじめに、上記のことがわかるような活動を行い、一人一人をじっくりと観察します。例えば、国語の教科書の冒頭には、短い詩が載っていることがあります。その詩を読む活動を通じて「読むスピードを他の人と合わせて音読できるか」「書いてある漢字を音読できているか」といった学力面に加え、「教科書をどのように扱っているか」「説明をどの程度理解しているか」「教師の指示への反応はどうか」なども観察します。観察しながら、どのように支援していくかを考え、次の活動を行うようにします。

4　共通の目標を設定する

授業は基本的に一斉に集団で行われます。一斉に集団で学習していると、ある子どもの行動が、他の子どもにとって不快に感じることがあります。例えば、授業中のおしゃべりや発言の仕方などです。ほんの些細なことでも、一つ一つが積み重なると、授業を進めていくうえで厄介な問題になることがあります。

教師がそれらに気づき、一人一人に適宜、タイミングよく助言できればいいのですが、なかなか難しいのが現状です。

そう考えると、子どもたちが「集団で学ぶための作法」を身につけることが必要になります。子どもたちは「集団で学ぶための作法」を身につけることで、周囲の子どもたちに迷惑をかけないこともそうですが、同時に一人では到達できなかった学びができることにもつながります。

授業における「集団で学ぶための作法」を身につけさせる

学校によっては「学習スタンダード」と称して、学習を進めるうえでの作法を学校全体で統一して指導することもあります。こういった取り組みに批判的な意見もありますが、大事なのは、そこで学習する「子どもや教師の実態」を踏まえたうえでの「学習スタンダード」であるかということです。

授業において「〇〇をするのが当たり前」と考えて作法を教えるのではなく、子どもが学びやすい環境を整えるという観点から、その作法が必要かどうかを考え、設定することが重要となります。

集団で学ぶための作法については、一人一人がテーマを設定することもいいですが、学級全体で取り組む目標を設定することをおすすめします。子どもたちが集団で学ぶ際に身につけてほしい作法が明確になると、活動内容もそれに合わせて変化するからです。

例えば、教師の説明を最後まで聞けず、すぐに騒がしくなってしまう子どもたちの実態がある場合、「話は最後まで聞く」という目標を学級で設定するとよいでしょう。

このように目標をはっきりと言語化することで、教師の説明も短くわかりやすくなり、できるだけ話をしない授業を模索するようになります。

5　授業内の活動を設定する

一単位時間の授業を考える際、その時間にどのような活動を組み込むかを考えます。ただひたすら同じ作業を繰り返して終えるような授業はなかなか考えにくいことを考えると、ほとんどの授業は複数の活動が組み合わさって成立しているといえます。

授業は活動の組み合わせで成立している

例えば、算数の授業は以下のような流れで進めるとします。

①前回の学習内容を振り返る
②本時の学習内容の提示と確認
③本時の課題の設定と確認
④各自で考える

⑤学級全体で考える
⑥学習内容をまとめる
⑦練習問題を解く

ざっくりと分けても七つの活動に分類できます。

さらにそれぞれの活動において、「誰と」「どのように」活動するかを考えます。活動を考える際には、まず「どのように」から始めるのが考えやすいのではないでしょうか。「どのように」活動するかを考えるときには、使用する道具についても同時に検討します。ノートを使用するのか、ワークシートを用意するのか、それとも子どもたちが持っている端末機器を使うのか、何も使用しないのか――さまざまな選択肢が考えられます。

次に、一人で取り組むのか、二人以上で取り組むのかを考えます。二人以上で活動する場合、相手を特定する場合と、「終わった人から立ち上がり、目が合った人に声をかけて意見を交流する」という不特定の場合があります。

教師はついつい、自分が好みの同じ方法を選んでしまいますが、学習内容や子どもたちの特性を考慮しながら、「誰と」「どのように」活動するのかを、その場面に合わせて設定することが大切です。

6 授業の入り方について複数の選択肢をもつ

子どもたちが学校生活を送る中で、さまざまな出来事が起きます。学級のほとんどの子どもたちが、今から始める授業に意欲的なこともあれば、たくさんの子どもたちがやる気をなくしている場合もあります。ほとんどの子どもたちは普段通りですが、特定の子どもだけ無気力という場合もあるでしょう。

目の前の子どもたちの様子が、教師の想定していない状態であっても、教師がうまく対応しながら授業を進めることが大切です。例えば、今日は騒がしくなりがちだと感じれば、静かに落ち着いた雰囲気をつくるために教師が静かに語り始めてもよいですし、子どもたちがもっているエネルギーを活かして声を出す活動を行ってもよいでしょう。いずれにせよ、授業の始まりでつまずいてしまっては、その後取り返すのは難しいのです。

まず、授業の入り口で失敗しないことが重要

授業の入り口でつまずかないためには、教師はその方法を常に複数もち、目の前の子どもたちに合わせて修正できるとよいでしょう。毎回成功するとは限りませんが、何度も挑戦しているうちに、コツをつかみ、授業の入り口でつまずくことは少なくなります。

また、あえて同じ方法で始めることで、子どもたちの小さな変化を観察する方法もあります。例えば、授業の最初に日直の子どもが「気をつけ。」とかけ声をかけ、一度動きを止め、教師と目を合わせるというルールを学級で決めたとします。教師は日直が「気をつけ。」と声をかけたとき、一人一人の子どもがどのような状態かを把握します。教師に視線を合わせてくる子ども、動きを止められない子ども、何か違うことを考えているような子ども――さまざまな様子が見られるでしょう。その様子を見ながら、次にどのような活動を行うかを考えるのです。

授業は年間で約千時間あります。その最初の入り口を複数の選択肢の中から意図的に選び、それがうまくいったかどうか簡単でもいいので毎回振り返ることができれば、間違いなく教師の授業力は向上するでしょう。

7　授業準備の方法をもつ

教師になりたてのころは、「経験がまだ浅いこと」を考慮した中で仕事の内容や量を割り振られるでしょう。しかし、経験年数を重ねる中で、少しずつ仕事の量や質は変化していきます。また、プライベートでの生活環境も変化します。これまでを振り返ると、「余裕をもって授業の準備ができた」と感じた年代はほとんどありません。

こうした問題はさまざまな方々が議論されていますので、ここではあえて詳しくは触れませんが、教師が授業の準備に十分な時間をかけられるような職場環境になるには、まだ時間がかかるでしょう。その間、無策で過ごすのではなく、何らかの対策をして取り組む必要があります。

忙しい学校現場では、授業の準備に対する自分なりの方法をもつことが大切

学校ごとに決められている会議の予定や出張の予定などを見ると、毎日じっくりと教材を準備する時間を確保するのは難しいことがわかります。

　そこで、新しい単元に入る前に時間を確保し、じっくりと単元全体の構想を練るようにします。練った後、以下の内容については、短い隙間の時間を使って行うようにすることで、「その場しのぎ」の授業にならないようにします。

・学習内容の把握
・活動方法の選択
・必要に応じて、ワークシートや道具などの教材の準備

　学習内容の把握については、ちょっとした時間ができたときにざっと教科書を見るようにします。ポイントがすぐにつかめそうにない場合は、その教科について詳しい同僚に聞いたり、インターネットで調べたりします。

　教科によっては、事前に道具を用意しなければいけないこともあります。そのようなときは、同じ学習に取り組む同僚と一緒に準備をするとよいでしょう。時間短縮になるだけでなく、準備を一緒にする中で指導のポイントや注意点なども共有できます。

第2章

「うまくいかない」に効く！言い換えフレーズ

授業スタート時に子どもたちがバラバラ

一校時や行間休み明けの授業を始めようとしましたが、子どもたちの机の上にはまだ授業の準備が整っていません。しっかりと準備をしている子どもがいる一方で、着席していない子どもや、違うことを考えている子どももいます。

教師はそのような子どもたちに目が行き、全員の準備が整うまで待ったり、個別に声をかけたりしますが、教室の雰囲気が落ち着くまでに時間がかかります。「学習の準備をしっかりしましょう。」「集中して授業に取り組みましょう。」と声をかけていますが、日を追うごとに声をかける子どもの人数が増えてきました。

子どもたちが時刻を意識し、スムーズに授業を開始できるようにするには、どのようにすればよいのでしょうか。

△

「集中して取り組みましょう。」

○

「○○の活動に取り組みましょう。」

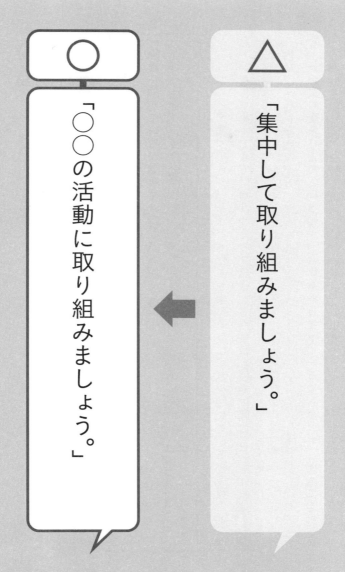

GOOD PHRASE

「○○の活動に取り組みましょう。」

授業の開始と同時に、教科の特性を活かして以下のような活動に取り組みます。

国語：音読
算数：前時の復習となるような問題を解く
理科や社会：前時の復習となるような問題をクイズ形式で出題する

しっかりと準備ができている子どもたちが楽しそうに学習を始めている姿を見ると、遅れていたり、集中できていなかったりする子どもたちは「授業に間に合わなければ！」という気持ちになります。

教師は活動を進めながら、遅れを取り戻そうとする子どもたちに注目し、「遅れても、しっかり取り戻そうとしているね！」と声をかけます。そうすることで、授業に遅れた際には自分で取り戻す姿勢を身につけられるようにします。

LEVEL

活動をさらに工夫する

国語の音読では、学習している教材の他に、早口言葉を提示して練習すると盛り上がります。練習時間を三分間、挑戦する時間を二分間などと設定し、手作りシールがもらえるようにすると、さらに盛り上がります。シールは、以下のように封筒の宛名シートに印刷すると簡単に作成できます。「もらったシールはノートの裏表紙に貼りましょう。」と伝えておくと混乱が少なくなります。

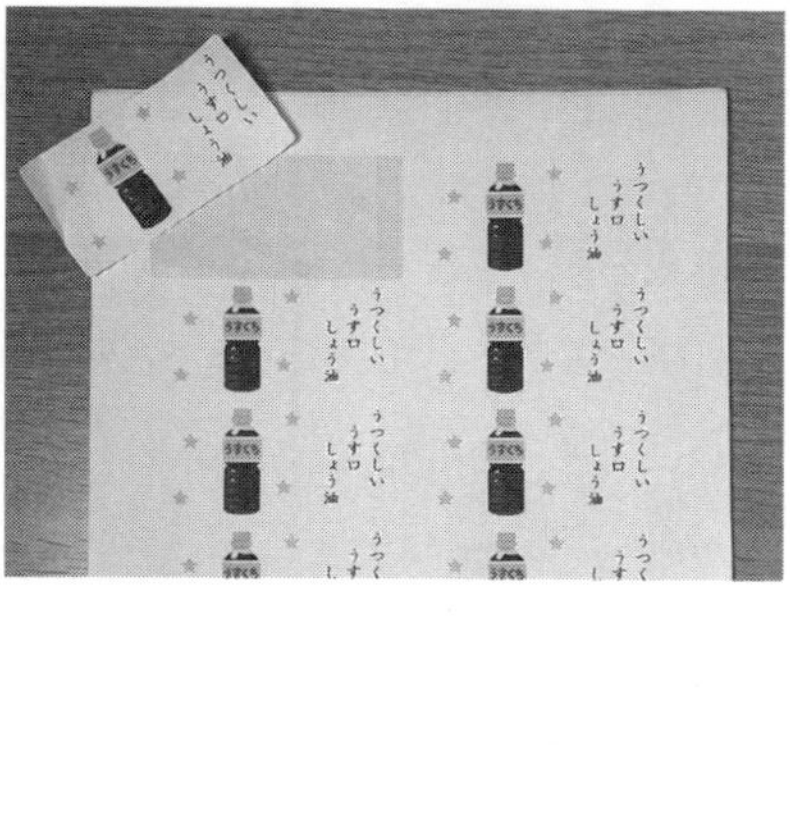

前時の学習内容を確認する際も、問題を提示したら

・全員起立後、前時に書いた自分のノートや教科書を確認して、わかったら着席する
・隣の席の子どもと確認し、わかったら手を挙げる
・三、四人のグループで相談し、わかったらホワイトボードに書いて掲げる

等、子どもたちの様子や教師の目的に応じて使い分けるとよいでしょう。

言い換えがうまくいくためのポイント

活動を円滑に進めるためには、子どもたちと以下の点を確認しておくことが大切です。

・授業開始時に机上などをどのように準備しておくか
・活動の進め方
・開始時刻と同時に授業を始める意図

授業開始と同時に活動を始めた結果、さらに混沌とした状況になってしまっては逆効果です。ある程度、教室の状態が整っていなければなりません。八割ほどの子どもたちの準備が整い、活動が始められる状態であることを確認してから進めるとよいでしょう。

活動を始める際に説明をすると、子どもたちの意識が散漫になりがちです。事前に何度か活動を体験させ、教師が一言「○○の活動に取り組みましょう。」と伝えるだけで開始できるようにしておくとよいでしょう。

また、「時刻通り進められるよう、授業の準備をしている人が損をしない教室にしたいです。遅れてきたら、自分で取り戻せるようにしましょう。」と、開始時刻と同時に授業を始める意図を事前に子どもたちに説明しておくことも大切です。

配慮が必要な子どもについては、はじめから活動に参加しない場合があります。せっかく準備していると活動をさせたくなりますが、活動を矯正するのではなく、それぞれのペースに合わせて活動に合流できるようにしたり、活動を見守ったりすることが大切です。

それでもうまくいかないときは…

☑ **授業開始時の準備を見直す**

→ 授業の入り方について
複数の選択肢をもつ（p.36）へ

☑ **活動の進め方を見直す**

→ 授業と関係のないことをしている子どもが
増えてきた（p.78）へ

→ グループ活動をすると
ふざけて遊んでしまう子がいる（p.90）へ

「本時の目標」を確認する際、子どもたちから学ぶ意欲が感じられない

授業が始まり、その時間で取り組むことを伝え、「本時の目標」をノートに書くように促しますが、教室にいる子どもたちの表情は暗く、学習に対する意欲が感じられません。子どもたちはとりあえず言われた通りにノートに書こうとしていますが、教室にはどこかだらけた雰囲気が漂っています。

教師は教室に流れている重たい空気を払うように、「早く書きましょう。」と声をかけたり、「しっかり書けましたね。」と早く書けた子どもをほめたりしますが、子どもたちの様子は変わりません。

子どもたちが学習の課題を自分ごとと捉え、意欲をもって学習に取り組むようにするためにはどのようにすればよいのでしょうか。

△

「本時のめあては○○です。」

○

「今日は何を解決すればいいですか。」

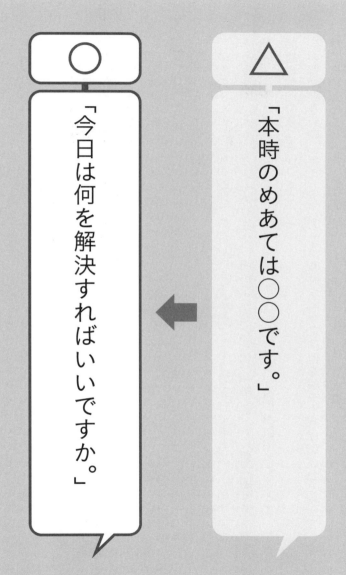

GOOD PHRASE

「今日は何を解決すればいいですか。」

多くの学習は、ある時間の学びが次の時間の学びに活かされるように、単元ごとに一連の流れとして構成されています。特に算数では、それまでに身につけた学習内容を活かして本時の課題を解決できるように、教科書の内容が整えられています。

授業のはじめに、前時で学習した内容や解き方を確認したら、本時の問題を提示し、「前の時間との違いはわかりますか？」と問いかけます。子どもたちは前の時間との違いを口々につぶやくでしょう。

多くの子どもが「前の時間との違い」を理解し、それを言葉にできればいいのですが、そううまくいかないときもあります。そのようなときは、「解くときに何に困りそうですか？」と尋ねます。これまでとは異なり、すんなり解けない原因を説明することで、学習問題の解決の糸口を探ります。

学習問題を的確に捉えたところで、教師が「今日は何を解決すればいいですか。」と尋ね、子どもたちが答えた言葉を使い、「本時の目標」として板書します。

〈例〉

前の時間の振り返り

ゼリーが15こあります。1人に3こずつ
分けると，何人に分けられますか。

（式）15÷3＝5
答え　5人

わる数のだんの九九で答えを見つけることができるのだよね。

本時の問題

ゼリーが14こあります。1人に3こずつ
分けると，何人に分けられますか。

（式）14÷3

九九を使っても，答えがピッタリにならないなぁ。

今日は何を解決すればいいですか。

九九を使っても答えがピッタリにならないわり算を，どうやって計算すればいいのかな。

今日は，九九を使っても答えがピッタリにならないわり算の計算の仕方を考えていきましょう。

言い換えがうまくいくためのポイント

前のページで算数を例にして具体的に示しましたが、社会や理科でも授業の冒頭で考え方を整理し、本時の授業の課題につなげることは比較的容易にできます。また、国語や道徳、体育でも、一方的に授業の課題を子どもたちに示すのではなく、子どもたちとやりとりしながら、その授業で何を解決するのかを確認することができます。

子どもたちと考えを整理していると、時折、教師が気づかなかった子どもたちのつまずきや考え方に出会うことがあります。そのようなときは、無理に授業を進めず、一つ一つ丁寧に確認することが大切です。そうすることで、結果的にその後の問題解決の時間が短くなることが多いです。特に道徳では、子どもたちの価値項目に対する意識の差が大きく、それを整理する時間が多くなることがあります。そういったときには、後の授業がスムーズに進むよう、あらかじめ方策を考えておくとよいでしょう。

体育では、実際に体験することで気づくこともあります。授業の冒頭に限らず、活動の途中で一度集合し、課題を整理してもよいでしょう。

また、複数の場を用意し、それぞれの課題に沿って取り組んでいる場合は、学級全体で集合するのではなく、課題ごとに集合し、整理する方法も効果的です。

それでもうまくいかないときは…

- ☑ **授業開始時の活動を見直す**

→ 授業の入り方について
複数の選択肢をもつ（p.36）へ

- ☑ **適切な課題を設定できていたか見直す**

→ 授業準備の方法をもつ（p.38）へ

前の時間で学習したことを確認する際、他人任せになっている

授業が始まり、前の時間に学習したことを子どもたちに尋ねますが、二、三人程度しか手を挙げません。その他の子どもは、黙って席に座ってこちらを見ています。

教師は手を挙げている子どもの中から答えられそうな子を指名し、前の時間に学習した内容を確認します。一見、授業はスムーズに進んでいるように見えますが、前の時間に学習したことを思い出せない子どもは、その後の授業でつまずくことがあります。また、わかっているけれど手を挙げない子どもの中には、「誰かが答えてくれる」と他人任せにしている場合もあります。

授業の導入で、子どもたち一人一人が主体的に学びに向かう姿勢を引き出すためには、どのようにすればよいのでしょうか。

△

「わかる人いますか。」

○

「○○さん、どう思いますか。」

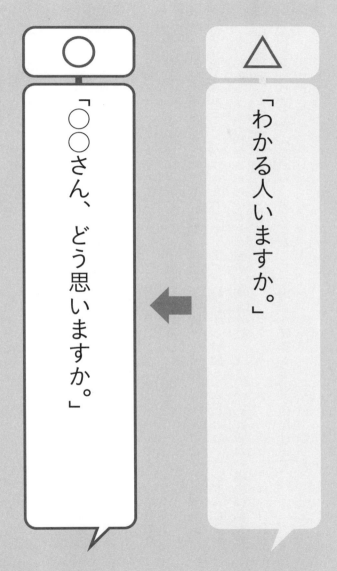

「○○さん、どう思いますか。」

子どもたちが挙手して教師が指名する形式の授業の短所としては、一人の子どもが発言している間、他の子どもたちの学びの時間として成立しづらい点があります。もちろん、他の子どもが発言しているときもその話を自分ごととして受け止め、自分の学びに活かす姿勢を育てることが大切です。しかし、「どんなときでも」「全員が」そのような姿勢で授業に参加することを教師が求めるのは、現実的には難しいことです。

本時に必要な情報として前の時間の学習内容を確認する場合、すべての子どもが自分なりに答えられることが求められます。まず、確認する時間を十分にとり、ランダムに子どもを指名します。指名された子どもは自分の考えを述べますが、わからない場合は「まだ確認しています。」などと答えるようにします。そうすることで、子どもたちは「自分が答えるなら」と考えながら、自分ごととして内容を確認するようになります。

LEVEL

「偶然」を演出して楽しい雰囲気に！

子どもたちをランダムに指名するわけですから、「偶然性」が確保される必要があります。よく出席番号で指名する場面を見かけますが、学級の人数が少なかったり、三十一人より多かったりする場合には適していません。

割り箸に出席番号を書いてくじ引きのようにして指名する方法もあります。引いた割り箸は別の箱に入れておき、すべて引き終わったら再度一つの箱に戻して使用します。これにより、「いずれ全員が指名される」という公平性が確保されます。

また、ビンゴをするアプリを使用する方法もあります。名前を表示できるアプリもあるので、出席番号を覚えにくい子どもがいる場合にはこれを利用するとよいでしょう。子どもたちが楽しい雰囲気で取り組めるようにすることが大切です。子どもにとって過度のプレッシャーになったり、罰ゲームのような形になったりすることは絶対に避けましょう。

言い換えがうまくいくためのポイント

学級には、全員の前で発言することが苦手な子どももいます。発言を無理に強いることなく、「わからない」と安心して言える雰囲気の中で確認していくことが何より大切です。子どもが「わからない」と言った場合も、そのままにせず、子ども同士で教え合えるよう指導します。どうしてもわからない場合には、教師が支援するとよいでしょう。以下のような流れで確認すると、全員が内容を確認できたかどうか、教師が把握しやすくなります。

①教師は確認する内容を説明し、子どもたちを全員起立させる
②子どもたちはノートや教科書を見たり、友達と話し合ったりして内容を確認する
③内容を確認し、説明できるようになったら着席する
④着席しながら、周りの子どもたちに教えたり、説明の仕方を確認したりする

教師は全体を見守りながら、子どもたちが内容を確認できているかを見極め、必要に応じて声かけをします。「全員が着席した」ことを確認したら、再度全体の場で内容を確認するとよいでしょう。たとえ勘違いや間違いがあったとしても、それを受け止め合い、次につなげていけるように支援することが重要です。

そのように支援しても、勘違いしたり間違ってしまったりすることはあります。それを受け止め合い、次へとつなげていけるように支援していくとよいでしょう。

それでもうまくいかないときは…

☑ **指名には教師との信頼関係が大切！**

→ 教師と子どもの信頼関係を
チェックする（p.26）へ

☑ **他の方法を検討する**

→ 授業が始まっても
おしゃべりが止まらない（p.72）へ

これまでの学習内容が積み上がっておらず、課題に取り組めない

五年生で平行四辺形の面積の求め方を学習しようとしています。しかし、教室にはかけ算九九をまだ覚えきれていない子どもや、正方形や長方形の面積の求め方を忘れてしまっている子どもがいます。

教師は算数が苦手な子どもを把握し、課題を提示した後、一人一人に支援しようとします。「○○について覚えていますか？」「まずは○○の練習をしてみましょう。」と個別に声をかけますが、学習に遅れを感じている子どもが多く、気になっている子どもに声をかけられないことがあります。

学習に遅れを感じている子どもが複数いて、教師一人では対応しきれない場合、どのように授業を進めていけばよいのでしょうか。

△

「まずは○○の練習をしてみましょう。」

○

「○○を見ながら課題に取り組みましょう。」

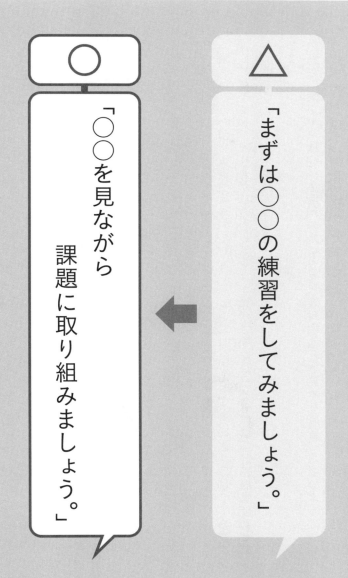

「〇〇を見ながら課題に取り組みましょう。」

教室で一斉に学習を行うとき、学習に遅れを感じている子どもが五、六人以上いると、教師の支援が行き届かないことがあります。特に学年が上がるにつれてその傾向は強まり、算数など、これまでの学習内容を活かして進んでいく教科では、困難を感じることが多いでしょう。

そういった子どもたちには先に答えを示し、それを見ながら自分の考えを整理する方法で授業を進めます。

例えば、かけ算九九を覚えきれていない子どもには、かけ算九九の表を印刷して事前に渡しておきます。繰り上がりのたし算やひき算ができない子どもには、計算機を使わせてもよいでしょう。九九や計算の練習は別の場面で行い、それらを身につけられるようにします。

算数に限らず、理科や生活科の観察でも、教科書などで見本を確認し、どのように取り組めばよいかゴール像を明確にしておくとよいでしょう。

LEVEL ⇧

単元のはじめに子どもの理解を確かめる

教師は教える内容に気をとられるあまり、子どもたちがこれまでどのように学習してきたかを忘れてしまうことがあります。そうならないために、単元のはじめに子どもたちがどれだけ理解しているかを確かめます。例えば、平行四辺形の面積を求める前に、以下の点を確認します。

- かけ算九九をどの程度覚えているか
- 正方形や長方形、それらを組み合わせた図形の面積の求め方を説明できるか
- 三角形や四角形（平行四辺形や台形、ひし形）の名前やその性質を言えるか

すべてをテスト形式で確認しようとすると、硬い雰囲気になります。かけ算九九は「二十五マス計算大会」、その他の内容は「算数クイズ」など、楽しい雰囲気の中で確認できるとよいでしょう。

言い換えがうまくいくためのポイント

多くの子どもたちの意識の中には、「答えを先に見てはいけない」という考え方が定着しているのではないでしょうか。実はこの考え方は「テストなど、理解度を確認するときに限って」という限定的な条件でのみ当てはまるものです。これだけインターネットが普及した現代においては、便利なツールを活用して答えにたどり着く力もまた大切です。

もちろん、かけ算九九をしっかり暗記し、正確に唱えられることは大切ですが、それができなければ計算を伴う算数の学習のスタート位置にすら立てないのかといえば、それは違います。かけ算九九の暗記は別の場面で練習し、自分なりに身につけると同時に、日常の算数の授業では支援ツールを活用できるようにします。

かけ算九九を苦労して覚えた子どもは、手軽に支援ツールを使っている子どもをうらやましく思うかもしれません。支援ツールの使い方については、学級全体で以下の点を確認することが大切です。

・支援ツールを使うことは「ずるいこと」ではなく、学習をがんばっているということ
・支援ツールは望めば誰でも使えること
・支援ツールの内容は別の場で身につけられるように取り組むこと
・テストやその他の試験では使うことができないこと。使う場合は教師に相談し、保護者の了解をとった後、テストの点数は「参考点」となること

算数に限らず他の教科においても、同様のことがいえます。

それでもうまくいかないときは…

☑ 何ができるのかをまず確認する

子どもの特性を確認する（p.30）へ

☑ 導入時の活動を見直す

授業スタート時に
子どもたちがバラバラ（p.42）へ

授業が始まっても
おしゃべりが止まらない（p.72）へ

授業を始めようとしても子どもたちのやる気がない

授業を始めようとしても、教室の雰囲気はどこか重く、子どもたちからやる気が感じられません。教師が楽しい話題を投げかけても反応が薄く、活動的な授業を構成しても子どもたちはダラダラと行動しています。これまで紹介したさまざまな手法にも、子どもたちは慣れてしまったのかもしれません。

教師は「しっかりやりましょう！」と声をかけながら問題を提示して授業を進めますが、教室の雰囲気は重いままです。他に効果的な手立ても思いつきません。

子どもたちの興味や関心を授業に引きつけ、やる気を引き出すにはどうすればよいのでしょうか。

△

（具体的な問題を提示し）

「今日は○○について考えましょう。」

○

「この写真（動画）を見ましょう。」

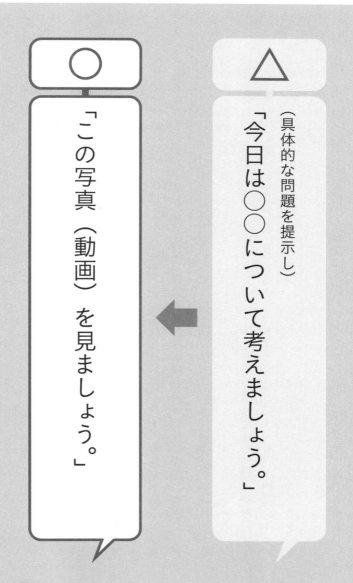

GOOD PHRASE

「この写真（動画）を見ましょう。」

テレビコマーシャルは通常、十五秒程度とされています。もちろん例外はありますが、三十秒以上の長いテレビコマーシャルに比べて、短い方が視聴者がチャンネルを変えたり他の作業に移ったりせずに視聴してもらえるのがその理由のようです。

令和の時代になり、YouTubeやTikTok、インスタグラムなどを子どもたちが見るのは当たり前となっています。子どもたちは、視覚から入る情報を受け取り、瞬時に判断しながら視聴しています。現代の小学生の多くは、幼いころからタブレット端末を手にし、自分で操作して動画を見て育っているのではないでしょうか。

授業のはじめに教師が「語り」から入ると、どうしても十五秒以上の時間がかかります。しかし、視覚的に情報を受け取ることに慣れている子どもたちには、写真や動画を使って興味や関心を引きつける方が、日常の習慣に合っていて、情報がスムーズに入ってきやすいと考えられます。

48ページの「「本時の目標」を確認する際、子どもたちから学ぶ意欲が感じられない」

の算数の問題を例に、具体的にどのようにするか示します。授業のはじめに黒板に写真を貼り、「この写真を見ましょう。」と子どもたちに呼びかけます。可能ならばテレビ画面に写真を映し出し、教室にいるどの子どもも見えるようにするのも効果的です。

教師は「これは何でしょう？」「何個ありますか？」と質問します。子どもたちは見たものをそのまま答えればよいので、簡単に感じるはずです。子どもたちはこのようにして答えているうちに、いつの間にか授業に引き込まれていきます。

学年によりますが、文章題が多い算数では、文章に出てくるものを画像として用意することで比較的簡単に準備できます。

また、理科や社会では、授業内容に関連する動画を流し、途中で止めてその時間の学習課題を設定するのが効果的です。課題が設定できたら、子どもたちが話し合ったり調べたりするようにしていきます。

国語のデジタル教材にも動画が準備されていることがあるので、学習前に確認しておくとよいでしょう。

言い換えがうまくいくためのポイント

子どもたちの興味や関心を引きつけるためには、授業の冒頭で提示する画像や動画の刺激の量を調整することが大切です。先ほど例に挙げた「ゼリーの画像」でいえば、実際のゼリーの写真にするかイラストにするかで、子どもたちが受ける印象は変わります。また、同じ味のゼリーにするか、違う味のものを混ぜるかでも子どもたちが受ける印象は変わります。画像や動画に授業と関係のない要素が多すぎると、子どもたちの関心が授業から逸れてしまい、収拾がつかなくなることがあります。一方で、慎重になりすぎて手堅く進めると、子どもたちの興味や関心が薄れてしまいます。子どもたちの様子を見ながら、適切なバランスを見つけることが大切です。

また、画像や動画をどのような大きさで見せるかも重要なポイントです。せっかく用意した画像が小さくて見えなかったり、テレビ画面に映した動画が光の反射で見えにくかったりすると、子どもたちはそちらに気をとられてしまい、不満が溜まります。場合によってはトラブルにつながることもあります。

さらに、提示した画像や動画を使って、その後、活動に取り組んだり、考えを深めたりする場合もあります。例えば、ゼリーを数えさせたい場合、全員の手元に端末を用意しゼリーの画像を配付することもできますし、代表の子どもが前に出てきて学級全員で数えたりすることもできます。子どもたちの活動のしやすさも考えて、準備を進めることが必要となります。

それでもうまくいかないときは…

☑ **適切な画像や動画が準備できているか見直す**

➡ 授業準備の方法をもつ（p.38）へ

☑ **他の活動がないか考える**

➡ 授業の入り方について
複数の選択肢をもつ（p.36）へ

➡ 授業スタート時に
子どもたちがバラバラ（p.42）へ

授業が始まっても おしゃべりが止まらない

授業の最初に挨拶を行い、早速授業に入ろうと教師が話し始めても、教室の片隅でコソコソとおしゃべりをしている子どもがいます。よく考えてみると、別の時間帯にも違う子どもが話をしていたなと思い浮かびます。

授業の内容や流れがマンネリ化することはよくあります。教師が毎回おもしろい教材を提示したり、刺激的な授業法を導入したりできればいいのですが、現実的には難しいでしょう。おしゃべりをしている子どもに「授業中、関係のない話はしません。」と伝えても、その場ではやめるかもしれませんが、一時的なものに過ぎず、根本的な解決にはなりません。「どうして自分だけ注意されるの？」と反発する子どももいるでしょう。

授業のはじめに、子どもたちが教師の話をしっかり聞く習慣を身につけさせるには、どうすればよいのでしょうか。

△

「授業中、関係のない話はしません。」

○

「先生、実は○○なのです。」

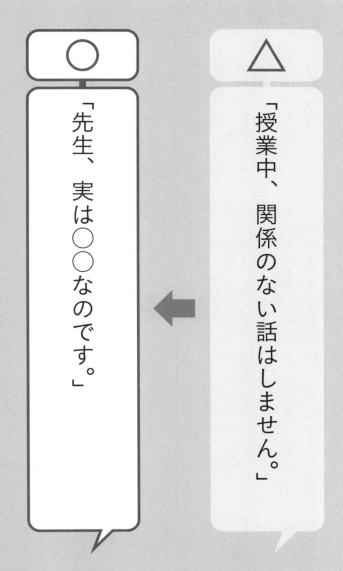

GOOD PHRASE

「先生、実は○○なのです。」

四月から毎日のように授業を行っていれば、マンネリ化してしまうのは当然のことです。そんなときは、教師が過去の経験談や失敗談を語ります。子どもたちは「先生って、○○だったんだなぁ」と教師の人間性を理解し、教師との人間関係を築くことにもつながります。

経験談や失敗談を語る際には、以下の点に留意するとよいでしょう。

- 子どもが想像しやすい話をする
- 意外性がある話をする
- 経験や失敗からの教訓がある話をする

経験談や失敗談については、他の大人が聞いたときに許容される内容であることが重要です。話が噂で広がったときに、信頼を損なうような内容にならないよう、注意が必要です。

〈例〉

みんなは先生がどんな子どもだったと思いますか？
(何人かの子どもに考えを聞いてみる)

先生は実は，自分から友達に声をかけるのが苦手な子どもでした。例えば，放課後，友達が遊んでいるのを家の中から見かけても，「一緒に遊びたいなぁ」と思いつつ，声をかける勇気が出ませんでした。そして，そのことをとても気にしていました。

ある日，友達と遊んでいるときに，別の友達が靴ひもを直しながら「一緒に遊ぼう！」と声をかけてきました。先生はその自然な声のかけ方に「これだ！」と思いました。

翌日，また友達が遊んでいるのを見かけたので，昨日の友達のイメージを頭に入れ，結んであった靴ひもを解き，友達の前に行きました。そして，靴ひもを結びながら「一緒に遊ぼう！」と声をかけました。友達はうれしそうに「いいよ！」と返事をしてくれました。そのとき，勇気を出して一歩踏み出してみると，自分で思っていたよりも簡単にできることに気づきました。

それからは，何度か自分から声をかけているうちに，自然に自分から声をかけられるようになりました。

言い換えがうまくいくためのポイント

授業の冒頭が毎回同じ流れだとマンネリ化しますが、視点を変えて考えてみると、毎回同じ流れだからこそ、子どもたちは見通しをもって安心して授業に取り組めるというメリットもあります。

そのような安心感の中で、たまに教師の経験談や失敗談が挟まれると、子どもたちは新鮮な気持ちで教師の話を聞こうとします。しかし、毎回のように教師が経験談や失敗談を話していると、それもまたマンネリ化につながるので注意が必要です。

また、ゆるやかな雰囲気で話をしていると、子どもたちのおしゃべりが増えたり、反応がよすぎて教室が騒がしくなったりすることもあります。そうしたときに厳しく叱ってしまうと、せっかくの経験談や失敗談を語る意味がなくなってしまいます。子どもたちが教師のことを理解し、良好な人間関係を築くことが大切であることを忘れないようにしましょう。

話す題材については、子どもたちが家に帰って保護者と話したときに、保護者が「先生にもそんなときがあったのね」と共感できる内容にするとよいでしょう。「あなたもそうなれるようにがんばってね」と子どもが励まされるような内容になると、親子の会話のきっかけになり、さらによいでしょう。

それでもうまくいかないときは…

☑ **教師の話を聞きたいような人間関係か見直す**

→ 教師と子どもの信頼関係を
チェックする（p.26）へ

☑ **導入時の活動を見直す**

→ 授業スタート時に
子どもたちがバラバラ（p.42）へ

→ 授業を始めようとしても
子どもたちのやる気がない（p.66）へ

授業と関係のないことをしている子どもが増えてきた

授業中、Aさんは友達と授業に関係のない話をしたり、鉛筆や消しゴム、定規を使って手遊びをしたりすることが増えてきました。教室を見渡すと、Aさん以外にも同じような行動をする子どもがいます。

教師はその都度、そういった子どもたちに声をかけ、学習に取り組むよう促しますが、ある子どもに対応している間に、別の場所で同じようなことが起き、教師が振り回されてしまいます。

子どもたちが自分なりに課題と向き合い、学習に集中できるようにするためには、どうすればよいのでしょうか。

△

「自分で考えましょう。」

○

「わからないことは
どんどん友達に聞きましょう。」

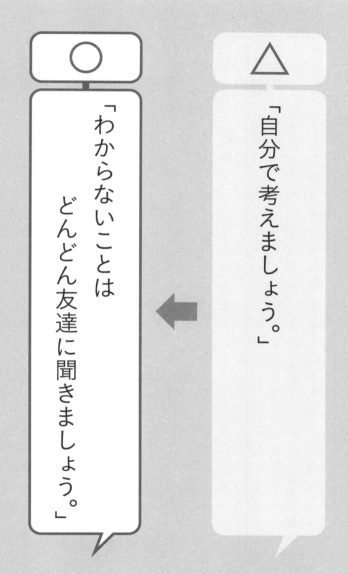

GOOD PHRASE

「わからないことはどんどん友達に聞きましょう。」

授業中に関係のない話をしたり、遊んでしまったりする原因として、その子どもが「何をすればいいのかわからない」という状態が考えられます。授業内容や教師の指示が理解できなかった子どもは、どうしたらよいかわからず、違うことをしてしまうのです。

そのことに教師が気づき、声をかけ理解を促すと、その子どもは学習に取り組み始めます。毎回、タイミングよく気がつき、声をかけることができればいいですが、教室に何人も子どもたちがいればそれが難しいこともあります。

以下のような基本的なルールを事前に確認しておくとよいでしょう。

・先生が話をしているときは、話を最後まで聞く
・わからないことがあったらまず友達に聞く。それでもわからないときは先生に聞く
・答えを丸写しするのではなく、その説明もできるようにする

LEVEL

自分で答えにたどり着くスキルを教える

子どもたちの中には、小学校生活を通じて「答えは友達に聞かず、自分で考えるべきだ」という暗黙の了解が染みついていることがあります。「友達に聞いてはいけない」と思い込んでいるのです。

そうではなく、「友達や教師の力を借りて、自分で答えにたどり着くスキルを身につける」ことが大切であると、事前によく確認しておくとよいでしょう。

これを確認したら、授業中のルールを以下のように設定します。

①まず自分で取り組む
②一人では難しいと思ったら、周りの席の人に声をかける
③周りの友達と話をしても解決しなかったら、席を離れて声をかける

席を離れることで違うトラブルが起きそうな場合は、②でとどめておくとよいでしょう。

言い換えがうまくいくためのポイント

学習内容や取り組み方が理解できなかったときに、友達から支援を受けやすくするためには、適切なコミュニケーションのとり方を具体的に教えておくとよいでしょう。

学習内容や取り組み方が理解できなかったとき、教室では何らかの活動が行われています。そういったときに話しかけるのですから、「今、聞いてもいい？」と尋ねてから聞くことを学級全体で確認すると、理解できなかった子どもも声をかけやすくなります。

声をかけられた子どもは、「いいよ。」「あとにしてもらってもいい？」などと答えるとよいことも学級全体で確認します。「どんなときも答えなければならない」となると、相手の存在が負担になります。まずは自分のことにしっかりと取り組み、余裕があるときに友達をサポートするように伝えましょう。

もちろん、コミュニケーションをとっていると、うまくいかない場合もあります。教師は子どもたちのやりとりをよく観察し、適宜支援することが大切です。

いずれにしても、まずはしっかり話を聞き、理解することを確認し、それでもわからないときに友達に尋ねるように指導するとよいでしょう。

それでもうまくいかないときは…

☑「集団で学ぶための作法」を確認する

→ 共通の目標を設定する（p.32）へ

☑ 子どもたちの学力を確認して対応する

→ 子どもの特性を確認する（p.30）へ

→ これまでの学習内容が積み上がっておらず，課題に取り組めない（p.60）へ

課題を終えて暇そうな子が周囲の子どもたちの妨げになっている

授業を進めていると、学習内容をよく理解している子どもが早く終わり、暇そうにしていることがあります。暇そうにしているだけならまだいい方で、まだ終わっていない子どもに話しかけたり、遊んだりして、学習が終わっていない子どもの邪魔をしてしまうことがあります。

教師は「自分の考えを見直して、わかりやすく説明できるようにして待ちましょう。」と伝えますが、子どもたちはどのような視点で見直せばよいのかわからず、状況はあまり改善されません。

授業中に早く終わった子どもも、そうでない子どもも、充実した時間を過ごすためにはどのようにすればよいのでしょうか。

△

「わかりやすく
説明できるようにして待ちましょう。」

○

「この手順に沿って
学習を進めましょう。」

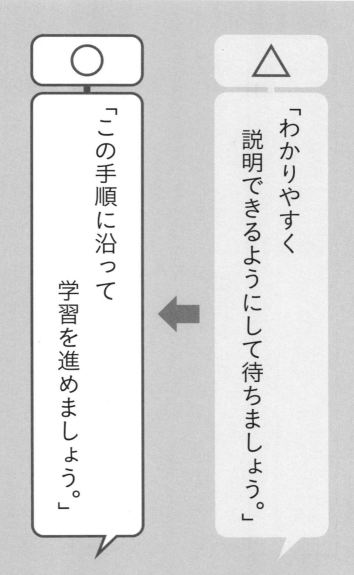

GOOD PHRASE

「この手順に沿って学習を進めましょう。」

当然のことですが、教室にいる子どもたち一人一人の能力には違いがあります。そのため、授業をしていると、早く課題を終える子どもとまだ課題に取り組んでいる子どもが混在する状態が生まれます。多くの場合、ゆっくりと課題に取り組む子どもに合わせて授業は進められます。早く課題を終えた子どもが、手を抜いて課題に取り組んだり、終わったことに満足して遊んでしまったりするのは自然なことといえます。

早く終わった子どもが次に何をすればよいかを示すため、以下のような内容を授業の流れに組み込んでおけば、そういったことは起きなくなります。

①自分の考えについて、チェックリストをもとに見直す
②他の子どもと情報を共有する
③自分の考えを深める

提示した手順は、番号が進むごとに難易度が上がります。

「①自分の考えについて、チェックリストをもとに見直す」場合、学習に取り組む前に、どのような状態がよいかを子どもたちと確認し、それをチェックリストとしてまとめます。まとめたリストは教室に掲示し、いつでも確認できるようにします。例えば、国語の文学的な文章を読んで自分の考えをまとめる場合、「課題に対して答える形で書けているか」「句読点を正しく使えているか」「学習した漢字を使おうとしているか」などをチェックします。できる範囲で取り組むことで、自分の考えをさらによいものにできます。

「②他の子どもと情報を共有する」場合、一人一人の考えを全体で確認する前に、他の子どもたちの考えを知っておくことで、その後の活動がスムーズに進みます。

子どもたちが成長していれば他者の考えと自分の考えを比べ、自分の考えをさらに深めたり、わかりやすく表現するために修正したりする――「③自分の考えを深める」ことができるでしょう。

いずれにしても、どのようにコミュニケーションをとるかを確認しながら進めることが大切です。

言い換えがうまくいくためのポイント

課題を早く終えた子どもが、終わっていない子どものところに行き、教える姿を時折見かけます。早く課題を終えた子どもが間違った理解をしていた場合、その誤りがそのまま伝わってしまうことになります。もちろんそうならないように、事前に確認をすることもありますが、多くの場合、教える側の子どもにすべてが委ねられているのではないでしょうか。

早く終わった子どもがまず行うべきことは、自分の考えをもう一度振り返ることです。よく子どもたちに「見直しをしなさい」と言いますが、子どもたちにとっては一度終えたものをもう一度確認する「見直し」は苦痛であるといえます。自分としては「正解」と思って書いた考えですので、それを見直すには、明確な視点が必要です。

また、情報を共有することは大切なことですが、他者と考えを共有する際には、人間関係の影響を受けやすいことを忘れてはいけません。間違った情報でも、あたかも正しいように説明されると、もともと正しかった自分の考えに自信をなくすことがあります。また、深く考えずに他者の意見に乗った方が楽に感じることもあります。そうした態度にならないように、どのような姿勢が大切かを機会を見て繰り返し確認しましょう。

　このような姿勢が確立されて初めて、他者と自分の考えを比較し、修正できるようになります。安易に「③自分の考えを深める」活動を行おうとするのではなく、丁寧に子どもたちを育てたうえで行うようにしましょう。

それでもうまくいかないときは…

☑ **子どもたちが相談できるか人間関係を見直す**

→ 子ども同士の人間関係をチェックする（p.28）へ

☑ **友達と相談ができる技能があるか確認する**

→ 授業と関係のないことをしている子どもが増えてきた（p.78）へ

→ 挙手して発言しようとするのが，いつも同じ二，三人の子どもになっている（p.108）へ

グループ活動をすると ふざけて遊んでしまう子がいる

授業中、グループで活動していると、騒がしい雰囲気に乗せられて友達とふざけ始める子どもがいます。同じグループ内でも、一緒にふざけてしまう子どももいれば、ふざけるのはいけないとわかっていながら、困った顔で見ている子どももいます。

教師は、ふざけていたり一緒に遊んでいたりする子どもに気がつけば、当然、近くに行き指導します。また、同じグループの子どもたちにも「授業中、遊ぶことも、それを見て何も言わないことも同じです。」と伝えますが、すべての子どもが素直にその言葉を受け入れるわけではありません。

授業中についふざけてしまう子どもに対して、周囲の子どもたちも含めてどのように指導すればよいのでしょうか。

△

「授業中に遊ぶのも、遊ぶのを見て何も言わないのも、ふざけているのと一緒です。」

○

「おかしいな？と思ったら、○○してみない？と提案しましょう。」

GOOD PHRASE

「おかしいな？と思ったら、〇〇してみない？と提案しましょう。」

学習したものをまとめてグループ内で発表したり、理科の実験を行ったりするような活動的な授業では、子どもたちにとって自由度が高い分、学習とは関係のないことをしてしまうことがあります。

そのような場合、教師は学習に関係のないことをしてしまった子どもに対して、その原因を探り、指導することは当然のことですが、同時に、そういった状況にどう対応すべきかを学級全体で確認しておくことも大切です。「グループ内にふざけてしまう子どもがいて、いつも学習がうまくいかない」とその子どものせいにするのではなく、そういった子どもがいても「一緒に学べる」「難しければ相談する」スキルを身につけることができれば、その子ども自身の学びを確保することができます。

また、関係のない方向に行きかけたとき、つられて一緒になってふざけてしまうというのも問題です。そういった場面で、「そこで踏みとどまれることが大切だ」という意識を、具体的に繰り返し確認しておくとよいでしょう。

LEVEL ↑

子どもたちと授業中のルールを話し合う

「授業中に関係のないことをして遊んでいる」場面が頻発するようなら、学級でしっかりとルールを決めることが必要です。以下のような流れで確認します。

①よく学級で起きる「授業中に関係のないことをして遊んでいる」場面を例示する
②そのようなとき、これまでどのようにしてきたか学級全体で共有する
③どのように声をかけるとよいか話し合う
④「関係のないことをしている」場面に出会ったらどうするか、学級全体で共有する

「③どのように声をかけるとよいか話し合う」際は、言われた子どもがどのように感じるかを考えながら話し合いましょう。「強い口調」や「命令口調」で話すと、トラブルに発展する可能性があることを事前に学級全体で確認します。声をかけても改善が難しい場合は、教師にすぐ相談することもあわせて確認しておくとよいでしょう。

言い換えがうまくいくためのポイント

授業中に関係のないことをして遊んでいる子どもに声をかけることは、子どもたちにとって大切だとわかっていても、実際には難しいことです。例えば、読者の皆様の職場で、関係ないことをして周囲に迷惑をかけている同僚がいた場合、自分自身に不利益を被っていたとしても、直接声をかけることを躊躇するのではないでしょうか。大人で考えると、なかなか難しい問題であることがわかります。

そうした場面で声をかけることができるためには、その職場で声をかけた人が窮地に追い込まれないこと、また、ある程度、円滑なコミュニケーションがとれることが求められます。

教室でも同様で、そういったものが担保できない場合には、教師がまず積極的に声をかけることが必要です。

子どもたち同士で声をかけ合えるようになったら、その行動に対して教師が感謝の気持ちを伝えます。感謝の気持ちを伝える中で、「自分たちで学ぶ場をつくっていく」ことの大切さを学級の文化として根づかせるようにします。

また、「授業中につい関係のないことをして遊んでしまう」ということに対して、「やってしまったこと」を責めるのではなく、「やってしまった後、どう行動するか」が大切だということを確認します。

失敗を責めるのではなく、そこからどうしていくと、自分にとっても学級にとってもよいか考え、子どもたちにとって「成長している」と感じられるようにしましょう。

それでもうまくいかないときは…

☑ **声をかけられる人間関係になっているか確認する**

→ 子ども同士の人間関係をチェックする（p.28）へ

☑ **子どもたちの学ぶ姿勢を見直す**

→ 「本時の目標」を確認する際，子どもたちから学ぶ意欲が感じられない（p.48）へ

→ 少しでもつまずくと，自分で考える前に教師を呼んでしまう（p.144）へ

登場人物の気持ちをうまく説明できない

国語の文学的な文章を読み、登場人物の気持ちについて、叙述をもとに捉える授業をしています。子どもたちは教科書を見ながら自分なりに考えをまとめようとしますが、どこか自信がない様子が見られます。

教師が学級全体に向かって「〇〇（登場人物）の気持ちはわかりますか？」と問いかけますが、子どもたちは下を向いています。教室には気まずい雰囲気が漂っています。

国語で文学的な文章を扱う際、登場人物の気持ちについて叙述をもとに捉える授業はよく行われますが、子どもたちが意欲的に登場人物の気持ちを説明できるようにするためには、どうすればよいのでしょうか。

△

「〇〇（登場人物）の気持ちはわかりますか。」

〇

「どうして〇〇は△△をしたのでしょうか。」

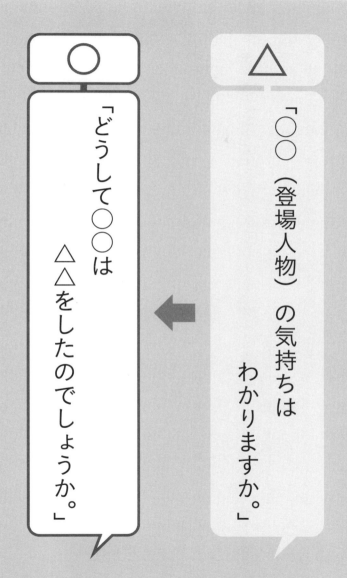

GOOD PHRASE

「どうして○○は△△をしたのでしょうか。」

文学的な文章を読む際、登場人物の気持ちを行動や会話、地の文などの叙述をもとに捉えることが求められます。それまでの国語の授業で、そうしたことをきちんと教わっていれば、教師に「○○の気持ちがわかりますか？」と問いかけられても、行動や会話、地の文を根拠にして答えられるでしょう。

しかし、叙述をもとに捉える経験が十分に積まれていない場合、子どもたちは「なんとなく気持ちはわかるけれど、理由がわからない」という状態になり、思考が止まってしまいます。

そのような場合には、「どうして○○は△△をしたのでしょう？」と、登場人物の行動の理由を問いかけます。そうすることで、子どもたちはその行動の背景にある登場人物の気持ちについて考え、説明しようとします。そして説明するために、叙述にある行動や会話、地の文などを正確に読み取ろうとするようになります。

ちいちゃんのかげおくり

▲〈気持ちを問う〉

一人でかげおくりをしているときのちいちゃんの気持ちはわかりますか？

（例）

家族に会いたいなという気持ちだと思います。

家族と離れてしまい，悲しい気持ちだと思います。

○〈行動の理由を問う〉

ちいちゃんはどうして一人でかげおくりをしたのでしょうか。

（例）

ちいちゃんは，家族の声が聞こえたからかげおくりをしたのだと思います。

ちいちゃんは，かげおくりをすれば，離れてしまった家族に会えると思ったからかげおくりをしたのだと思います。

ちいちゃんは，離れてしまった家族みんなに会いたいとずっと思っていて，気がついたら家族みんなでしていたかげおくりをしたのだと思います。

言い換えがうまくいくためのポイント

叙述をもとに考える経験があまり積まれていない場合、課題を提示する際に工夫が必要です。以下のような手順で行うとよいでしょう。

①教科書を閉じた状態で課題を提示する
②子どもたちが課題に対して自分の考えを発表する
③課題をノートに書いた子どもから、関係する場所を中心に音読する
④音読を終えたら、ノートに自分の考えを書く

子どもたちが事前に教材文をなんとなく読んでいれば、行動の理由を問われたときに自分の考えを説明することができます。説明が難しい子どもも、他の子どもの意見を聞きながら自分の考えを深めることができるでしょう。そうして「なんとなく」もっている考えを、音読や教材文の確認を通じて、叙述をもとに整理するようにします。

それでも叙述に意識が向かない場合は、教材文に「どうして○○が△△したのか、その理由がわかるところに線を引き、線を引いた理由を書きましょう」という課題を出します。線を引く際には、一文、二文など具体的に線を引く数を指定すると、子どもたちはさらに叙述を吟味しながら考えるようになります。

それでもうまくいかないときは…

☑ **課題設定は適切か見直す**

→ 授業準備の方法をもつ（p.38）へ

→ 「本時の目標」を確認する際，子どもたちから学ぶ意欲が感じられない（p.48）へ

☑ **授業の流れはスムーズか見直す**

→ 課題を終えて暇そうな子が周囲の子どもたちの妨げになっている（p.84）へ

算数の授業で自分の解き方に固執する

問題を提示し、一人一人が答えを考える際、その子ども特有の解き方をしている場合があります。しかし、その方法で違う問題を解こうとすると、自力で答えにたどり着けないことがあります。

授業のはじめに教師が「○○の解き方を考えましょう。」と伝えているため、その子ども特有の解き方であっても、他の方法を勧めにくい状況になります。その結果、一生懸命解いた子どもが、自分の考えが他の人と違うことに気づき、その方法で解くのをやめてしまったり、解けなくなったときにあきらめてしまったりすることがあります。

子どもたちが望ましい解き方はどのような解き方なのか考えながら問題解決に取り組むには、どうすればよいのでしょうか。

△

「○○の解き方を
説明できるようにしましょう。」

○

「どうしたら○○が（解決）できますか。」

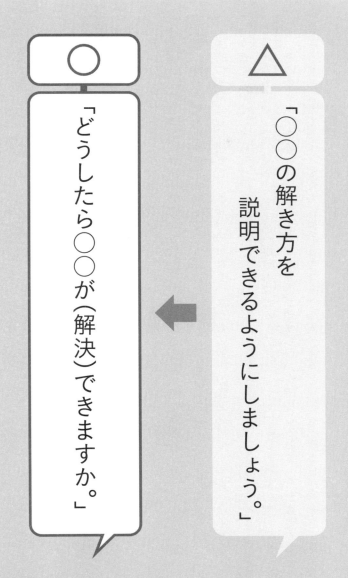

GOOD PHRASE

「どうしたら○○が（解決）できますか。」

課題を提示し、それぞれが解き方を考えた後、学級全体で解き方を共有する時間があります。教師は日常的に「○○の解き方を説明しましょう。」と投げかけがちですが、よく考えるとその投げかけでは「何でもあり」の状態になりかねません。なぜなら、その問いかけは「解ければどんな方法でもいい」という意味にもなり得るからです。

しかし実際には、子どもが前に出てきて説明する内容は、教師の意図に沿ったものが多く、自力で考えた独自の解法は取り上げられないことが多いのではないでしょうか。「主体的に学習に取り組む」ことが求められていながら、教師の意図を忖度するような子どもを育てていることになります。

だからといって、冒頭のような「解ければどんな方法でもいい」という状態も困ります。

そうならないためには、どのような解き方が望ましいかを確認しておくことが重要です。

そうすることで、子どもたちは自分の考えを他の人の考えと比較し、望ましい解き方を見つけようとするようになります。

LEVEL

「は・か・せ」を目指す！

「小学校学習指導要領（平成二十九年告示）解説 算数編」には、算数科の目標として、数学的な表現を用いて事象を簡潔・明瞭・的確に表現する力を養うことが示されています。「簡潔・明瞭・的確」の三つを、子どもたちが意識しやすいように「は・か・せ」の頭文字にして表すと以下のようになります。

は：はっきり（明瞭）
か：かんたん（簡潔）
せ：せいかく（的確）

解法が複雑であったり、わかりにくかったりすると、違うパターンの問題に対応するのが難しくなります。考え方をできるだけシンプルにし、わかりやすい方法を日常的に身につけておくことが大切です。

言い換えがうまくいくためのポイント

教師が「どうしたら○○が解決できますか?」と問いかける際には、「○○」にあたる課題の設定が重要です。課題の想定が広すぎると、子どもたちはさまざまな方法で解決しようとします。一人一人に合った解決の仕方を考えることを保障する意味ではよいこととといえますが、多様になりすぎることで理解が難しくなります。

では、課題の想定を狭くして子どもたちが一つの解決の仕方しかできないようにすればいいかというとそれは違います。その問題を解決するには最適な方法だとしても、異なったパターンの問題を解決しようとすると、対応できず困ってしまうことがあるからです。

大切なのは、その学習をするにあたって、単元全体を見渡し、一単位時間それぞれで何を学ぶのか、そのためにどのように課題を設定しているのかを捉えることです。しかし、日々の学校生活に追われていると、なかなかそういった時間を確保するのが難しいのが現状です。特に経験年数の浅い先生は、他学年の系統性について考えることも難しいことでしょう。

できれば週に一回、難しくても月に一回程度、教科書を広げてそれぞれの時間の課題について話し合う時間を設定するとよいでしょう。

その際、算数を中心に学んでいるような同僚が一緒にいると話が深まります。

それでもうまくいかないときは…

- ☑ **まずは算数に詳しい同僚と話をする**

→ 授業準備の方法をもつ（p.38）へ

- ☑ **課題の設定の仕方を確認する**

→ 「本時の目標」を確認する際，
子どもたちから学ぶ意欲が感じられない
（p.48）へ

挙手して発言しようとするのが、いつも同じ二、三人の子どもになっている

授業中、子どもたちに課題を提示し、一人一人が考える時間を設けました。その後、教師が「わかる人はいますか？」と問いかけましたが、手を挙げるのは二、三人ほどです。

教師は「取り組む時間が短かったのかな」と考え、「時間を延長するので、もう一度考えてみましょう。」と伝え、様子を見ました。しかし、再度「わかる人はいますか？」と挙手を促しても、先ほどと状況は変わりません。これ以上時間を延ばすと授業が終わらなくなるため、教師は仕方なく、手を挙げた子どもを指名して授業を進めました。

授業中、発言するのがいつも同じ二、三人の子どもになってしまうことがあります。学級にいるさまざまな子どもたちが手を挙げ、発言するようになるためには、どうすればよいのでしょうか。

△

「もう少し時間を延長するので
考えてみましょう。」

○

「○○について、
隣の席の人と話し合いましょう。」

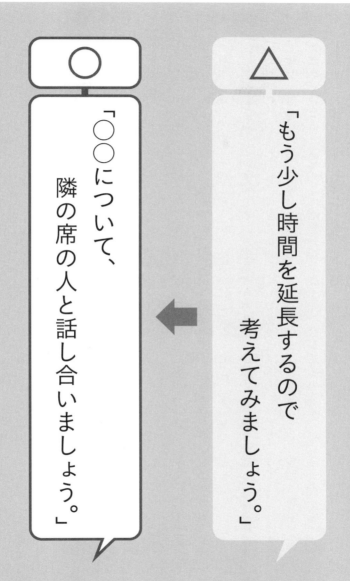

GOOD PHRASE

「○○について、隣の席の人と話し合いましょう。」

学級に四十人の子どもがいる場合、挙手して指名された子どもだけが発言する形では、他の多くの子どもたちが発言の機会を失ってしまいます。このような状態が続くと、子どもたちは「説明することで理解が深まる」という経験を得られず、発言への意欲も薄れていきます。

そこで、説明する活動を行う際には、説明の相手を「隣の席の人」と決め、相手意識をもてるようにします。自分の考えがまとまらなかったり、課題解決の方法がわからなかったりする場合でも、そのことを伝えるようにしておくとよいでしょう。

この活動では「説明すること」が必須となります。座席の配置等を配慮し、二人組になった両方の子どもが共に説明するのが難しい状態をつくらないようにしましょう。それでも難しい場合は、周囲の子どもと話し合ってもよいと伝えます。もし、説明が難しい子どもが多くいるようなら、この活動を行うタイミングを見極める必要があります。教師は子どもたちの状態をよく観察し、適切な判断をしましょう。

LEVEL

「対話的な学び」ができる子どもを育てる

小学校学習指導要領（平成二十九年告示）の編成に関わった元・文部科学省初等中等教育局視学官の田村学氏は『深い学び』（二〇一八年）の中で、「子供は身に付けた技能や知識を使って相手に説明し話すことで、つながりのある構造化された知識や情報へと変容させていく」と述べています。説明をする活動を通して、その子どもは自分の考えを整理し、理解を深めているということです。子どもたちには「相手の様子を見ながら説明を付け加えることができると、わかりやすく説明する力も同時につきますよ。」と伝え、表現力も育てられるとよいでしょう。

また、説明を聞いている子どもにとっては、他の人の説明を聞きながら自分の考えと比べ、自分の考えを深める効果もあります。一斉に授業を行う形では、どうしても自分ごととして話を聞けない子どもも、相手がはっきりしたことにより話を聞きやすくなります。相手の説明に対してさらに詳しく説明してもらったり、アドバイスをしたりとコミュニケーション能力を育てられるようにしましょう。

言い換えがうまくいくためのポイント

二人組でコミュニケーションをとる際は、相手と安心して話ができるかが重要になってきます。自分の考えを一生懸命説明した後に相手から全否定されると、説明した子どもは深く傷つき、それ以降、他者と学び合う意欲を失います。

そうならないために、短い時間で簡単に確認できるような課題を出し、互いにそれを説明し合うようにします。それも難しいようなら以下のようなワークをしてみてはいかがでしょうか。

目的：対話して学べるようになるために、コミュニケーション能力を身につける
話すテーマ（例）：「朝、学校に到着してから、現在まで何をしたか」
時間：三十秒

ワークをする際は、まず目的をしっかり説明します。話を聞く役の子どもは肯定的に話

を聞き、話が途切れないように質問をするように指導します。三十秒という短い時間でも、二人でコミュニケーションをとれたという成功体験を積み重ねることで、安心してコミュニケーションをとる経験を積み重ねるのです。慣れてきたら、テーマを変えたり、時間を延ばしたりして難易度を上げるとよいでしょう。

それでもうまくいかないときは…

☑ 子どもたちの人間関係を見直す

→ 子ども同士の人間関係をチェックする（p.28）へ

☑ 授業の進め方を見直す

→ 授業と関係のないことをしている子どもが増えてきた（p.78）へ

→ 前の時間で学習したことを確認する際，他人任せになっている（p.54）へ

作品を見せ合う活動がうまくいかない

社会科の時間に、単元全体の学習を振り返り、画用紙に見やすくまとめる活動を行いました。それまでの学習が充実していたこともあり、子どもたちは丁寧に画用紙にまとめていました。

教師が「互いに見せ合って、感想を交流しましょう。」と子どもたちに伝えました。子どもたちは互いの画用紙を見ながら、「字が丁寧に書けているね。」「絵が上手だね。」など、表面的なことばかりが話題になり、内容についての意見交換がほとんど生まれません。

子どもたちが作品を見せ合う際、まとめた内容をもとに意見の交流が生まれるようにするためには、どのようにすればよいのでしょうか。

△

「互いに見せ合って、
感想を交流しましょう。」

←

○

「○○について、どのように考えているか
確認し合いましょう。」

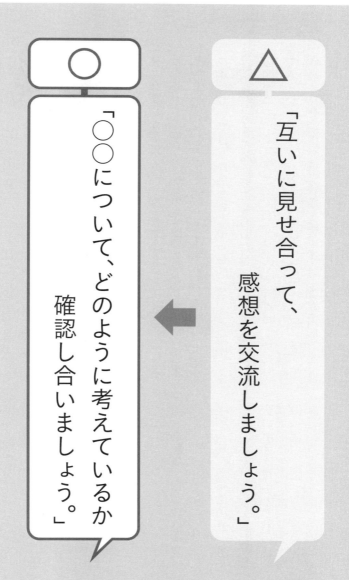

GOOD PHRASE

「○○について、どのように考えているか確認し合いましょう。」

国語や理科、社会では、学習したことをまとめた作品を見せ合い、学習を深める機会があります。教師としては、子どもたちが学習したことをうまくまとめられているかどうか、互いに見せ合い、意見交流してほしいと願いますが、子どもたちは互いの作品をどのように見ればよいか理解していないことが多いです。

したがって、子どもたちの作品等を見ながら互いに感想を交流する際は、その作品を見る視点をきちんと示すことが大切になります。

視点については、作品をまとめる目的に沿って設定します。例えば、五年生の社会で「森林のはたらきと私たちの暮らしにはどのような関連があるのか」を整理したとすれば、その関連について文章や図でわかりやすくまとめていたり、自分の考えを理由とともに表現できていたりするか見合うようにします。

作品を見せ合う際は、視点を明示することが大切です。

LEVEL UP 小グループで効率よく作品を見せ合う

子どもたちがまとめた作品を手にして、一人ずつ前に出て発表する方法もありますが、どうしても時間がかかってしまい、聞いている子どもも飽きてしまいます。

そうならないように、子どもたちを四人組のグループに分けて以下のように発表し合うことで、相手意識をもち、短い時間で効率よく作品を見せ合うことができます。

①説明する時間を設定する
②はじめに説明する人を決め、そこから時計回りで話をする
③説明が終わったら、定められた視点に沿って感想を伝え合う

教師はタイムキーパーとなり、説明を始める時間や感想を伝え合う時間を知らせます。感想を伝え合う際は、時間内は一人一言ずつ話し続けるようにし、一人だけが話しすぎたり、無言になったりするようなことがないように事前に伝えるとよいでしょう。

言い換えがうまくいくためのポイント

互いの意見を交流する際には、子どもたちが何をするのか、教師がきちんと理解しておくことが大切になります。

子どもたちが学習したことをまとめた作品を見せ合う場合、子どもたちは自分のまとめた作品と他の人の作品を比べながら、学びを深める活動が考えられます。そのような場合、子どもたちが比べるための視点が必要です。考えた内容はノート等にまとめるとよいでしょう。

また、そうではなく、まず自分の考えたものと他の人の考えたものを出し合い、整理、分類する活動も考えられます。出し合ったものをさらに種類ごとに分けたり、順位づけしたりする作業を行えるよう、ワークシート等を用意するとよいでしょう。

どちらも作品を比べながら学びを深める活動となりますが、手順が違います。活動がうまくいくためには、手順に合ったまとめ方をすることが重要になります。

また、ＩＣＴを扱う場合には、それらのツールを子どもたちが扱えるかどうかがポイントになります。安易にＩＣＴを使った方法に飛びつくことなく、ＩＣＴを扱う技能が子どもたちに育っていない場合は違う方法を検討するようにしましょう。

それでもうまくいかないときは…

☑ **子どもたちの人間関係を見直す**

→ 子ども同士の人間関係をチェックする（p.28）へ

☑ **授業の進め方を見直す**

→ 授業と関係のないことをしている子どもが増えてきた（p.78）へ

→ 前の時間で学習したことを確認する際，他人任せになっている（p.54）へ

授業が深まらない①
【交流の活性化】

授業中、教師が問いかけると、多くの子どもが手を挙げました。教師はその中から一人の子どもを指名し、指名された子どもが答えます。すると、他の子どもたちは「同じです。」と口々に言って手を下ろしました。

教師は、子どもたちのさまざまな考えを引き出し、伝え合う中で授業を深めたいと考えているので、「○○についてはどうですか。」「そう考えた理由は言えますか。」と、違った視点で問いかけます。しかし、聞かれた子どもたちはどのように答えたらよいかわからず、戸惑っています。

子どもたちから出された考えをもとに交流を生み出し、授業を深めていくためにはどのようにすればよいのでしょうか。

△

「そう考えた理由は言えますか。」

○

「答えが同じでも、理由が違えば、異なった考え方になります。」

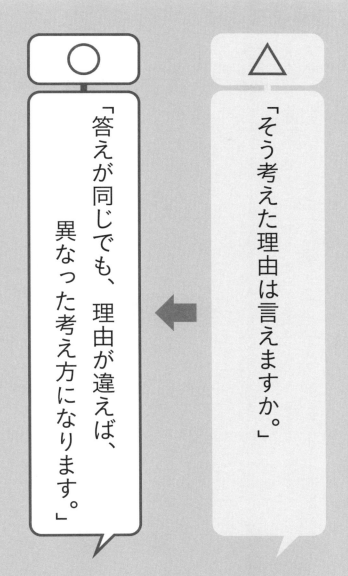

「答えが同じでも、理由が違えば、異なった考え方になります。」

子どもたちは、どんなときも「答えが合っているか」が最も大切なことであり、「答えさえ合っていればいい」と考えがちです。

もちろん「答えが違っていてもいい」とはいいませんが、「答えが合っているかどうか」は入り口であり、「答えにたどり着く過程」を子どもたちと一緒に考えたいという場合があります。

しかし、教師の問いに対し、その答えだけを子どもが答える形だとどうしてもその入り口で止まってしまい、あとから教師が「そう考えた理由は言えますか。」と問いかけても、子どもたちは「理由は難しい。」と口々に言い、授業の進行が滞ってしまいます。

そこで、子どもたちが答える際は、必ず理由もセットで答えるように指導します。子どもたちには事前に、「答えが同じでも、理由が違えば、異なった考え方になります。」と伝えておくことで、子どもたちは毎回、理由もセットでしっかりと考えるようになります。

LEVEL

話型を整える

理由をセットで言うためには、まず話型を提示し、子どもたちと確認するとよいでしょう。

「○○だと思います。どうしてかというと、△△からです。」

この話型が難しく感じるようであれば、「○○だと思います。理由は、△△からです。」と言うようにしてもよいでしょう。「理由」という言葉を使うことで、より意識するようになります。

子どもが「○○だと思います。」と発言したら、教師はすぐに反応せずに待つようにします。すると周囲の子どもが「理由も言った方がいいよ。」と教えたり、自分で気がついたりして言うようになります。「○○だと思います。理由はまだ考え中です。」など、理由がうまく思いつかない場合の表現方法も教えておくとよいでしょう。

言い換えがうまくいくためのポイント

授業中、他の子どもが発言すると、「ああ、言われてしまった。」とつぶやき、挙げていた手を下ろす子どもがいます。これは、子どもたちの中にそれまでの学校での経験から「同じことを言わない」という暗黙の了解ができているからです。

その暗黙の了解はさらに、「答えが合っていれば同じ考え」という新しい暗黙の了解を生みます。そして、誰かが発言したときに答えが同じだと発言しないようになります。小さなことではありますが、その意識を変えないと、子どもたち同士が考えを伝え合いながら授業を深めていくことは難しくなります。

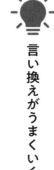

しかし、「理由を説明する」というのは子どもたちにとっては、難しいことでもあります。普段から理由を言う機会を頻繁につくり、何度も言ってみることが大切になってきます。

最初は不慣れで、「○○だと思います。どうしてかというと○○からです。」のように自分の考えとその理由が同じ内容になってしまうこともありますが、そのような考えも受け止めていると、徐々に根拠をきちんと説明できるようになります。

多くの子どもが根拠を言えるようになったら、その根拠の内容を検討するようにします。

子どもたちが「答えが合っているか」ではなく、「根拠に妥当性があるか」を意識するようになることで、授業で考える内容に深まりが出てくるでしょう。

それでもうまくいかないときは…

- [x] 理由を話すような授業設計ができているか見直す

→ 授業準備の方法をもつ（p.38）へ

→「本時の目標」を確認する際，
子どもたちから学ぶ意欲が感じられない
（p.48）へ

→ 前の時間で学習したことを確認する際，
他人任せになっている（p.54）へ

授業が深まらない②
【思考の深化】

授業中、子どもたちが自分の考えを理由とともに発表しています。子どもたちが答えた内容はどれも間違いではありませんが、表面的な回答が続き、授業が深まっていきません。

教師はなんとか修正しようと、「他に意見はありませんか？」「○○についてはどう思いますか？」と問いかけてみますが、手を挙げて発言する内容はどれももう一歩のものばかりです。教師も限界を感じ、結局、自分で説明を始めてしまいました。

授業をしていると、教師としてはもう一歩深まってほしいときにそこに到達できないことがあります。そのようなとき、子どもたちのやりとりの中で考えを深めていくためにはどのようにすればよいのでしょうか。

△

「○○についてはどう思いますか。」

○

「○○という言葉を使って、説明できる人はいますか。」

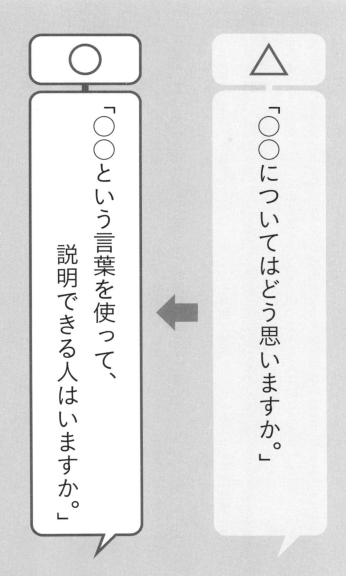

GOOD PHRASE

「○○という言葉を使って、説明できる人はいますか。」

子どもたちが教師の考えている段階まで思考が深められない原因は、子どもたちの力がそこまで育っていないということ以外にも考えられます。例えば、課題の提示の仕方や教師の問いかけ方がうまく機能しなかったり、その時点までの情報がうまく整理されていなかったりしたら、表面的に理解しただけで終わってしまうこともあります。子どもたちとやりとりをしながら授業を進める以上、教師の意図通りに進まないことも少なくありません。

そのようなときは教師がキーワードとなる言葉を提示し、子どもたちがその言葉を使って説明するようにします。それまで子どもたちとのやりとりの中でキーワードとなる言葉が出てくれば、黒板などに線を引いて子どもたちに投げかければよいですし、出てきていない場合は、教師から「この言葉を使って、説明できる人はいますか？」と問いかける方法もあります。国語の文学的な文章や説明的な文章を読み取る際は、教科書にある言葉を探させてから、考えるようにするとよいでしょう。

LEVEL

キーワード専用のマークをつくる

キーワードとなる言葉を目立たせるために以下のようなマークをつくっておきます。キーワードが子どもたちから出てきたときにはこのマークを黒板に貼り、目立たせるようにすることで、子どもたちはキーワードを自分で見つけたことに喜ぶでしょう。

どうしても授業のポイントとなるキーワードが出ないときは、教師からマークと一緒に提示します。

キーワード専用のマークについては、四月当初は誰もが学習と関係していると感じられるようなマークにするとよいですが、学級目標や学級のキャラクターが決まったら、それに合わせたデザインに変えると、子どもたちはさらに意欲的になります。

言い換えがうまくいくためのポイント

授業でキーワードとなる言葉を決め、その言葉を使って説明するためには、その言葉へとつなぐいくつかの言葉が必要になります。教師は事前に教材研究をしっかり行い、どのような言葉を使って説明をするとよいか、考えておくことが大切です。

また、キーワードとなる言葉を使って説明する際は、順序を表す言葉も大切になります。順序を表す言葉については以下のように書き出し、定着するまで教室に掲示しておくとよいでしょう。

算数や理科、社会等は、教科書にその時間にキーワードとなる言葉が載っているので、比較的考えやすいです。

国語の文学的な文章や説明的な文章では、一つに絞りにくく、複数の言葉が並列している場合もあります。子どもたちの意見を聞きながらそれらの言葉

せつ明のしかた

① まず・・・

② つぎに・・・

③ ・・・

・・・

さいごに・・・

を吟味し、どの言葉を使うと子どもたちの理解が深まっていくか考えながら言葉を選びます。

また、キーワードとなる言葉をどのタイミングで出すかもとても重要です。早く出しすぎてしまえば、子どもたち自身が考える機会を奪うことになりますし、逆に遅く出してしまうと子どもたちの学習への意欲は低下します。

子どもたちの様子を見ながら適切なタイミングでキーワードとなる言葉を提示し、説明する活動を通して考えが深まるようにしましょう。

それでもうまくいかないときは…

☑ 授業前の準備の仕方を見直す

→ 授業準備の方法をもつ（p.38）へ

☑ 授業の進め方を見直す

→ 「本時の目標」を確認する際，子どもたちから学ぶ意欲が感じられない（p.48）へ

→ これまでの学習内容が積み上がっておらず，課題に取り組めない（p.60）へ

学習が苦手な子の発言を受け止めない

授業中、子どもたちは学習が得意な子の意見はよく聞き、そこに賛同するような意見が続くときがあります。逆に、学習が苦手な子どもの意見のときは聞き流したり、些細な間違いを指摘したりするということがあります。

教師もそのことを当然のように受け入れがちで、学習が苦手な子どもがよい考えをしていたり、がんばっていたりしたときには、「今日、○○さんががんばっていましたね。」と学級全体の前で取り上げ、ほめることがあります。言われた子どもは喜ぶこともありますが、学級のみんなの前で取り上げられたことに恥ずかしさを感じることもあります。

学習が苦手な子どもがよい考えをしていたり、がんばっていたりしたとき、どのようにするとよいのでしょうか。

△

「今日、○○さんががんばっていましたね。」

○

「○○さんの考え方を説明しましょう。」

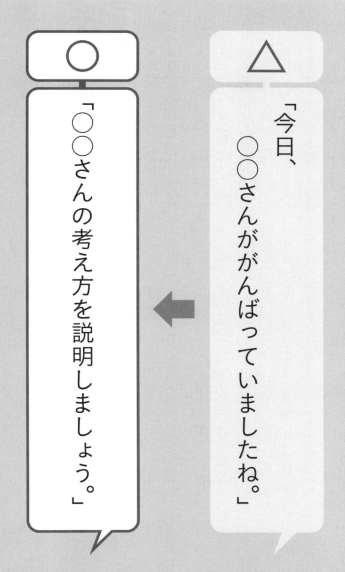

GOOD PHRASE

「○○さんの考え方を説明しましょう。」

授業をしていると、子どもたちが学習の得意な子どもの意見をよく聞き、学習が苦手な子どもの意見は聞き流すような場面に出会います。子どもたちはそれまでの学校生活の中で、「あの子は学習がよくできる」「あの子は学習が苦手だ」というのをなんとなく理解し、無意識的、意識的に態度に出てしまうのでしょう。

学習が苦手な子どもも自分なりに理解し、考えをまとめているときがあります。学習が苦手なのですから、説明する言葉がおぼつかなかったり、些細な間違いをしてしまっていたりすることもあるでしょう。しかし、よく見てみると学習の中心から外れていないことも多いのではないでしょうか。

そういうときは、「今の○○さんの考え方は、大切です。」と取り上げます。そして、その考え方を、再度説明するように学級全体に投げかけます。しっかりと内容を聞いていた子どもは答えられるので、取り上げられた子どもも、「自分の考え方が認められた」と感じ、学習への意欲につながります。

LEVEL

聞く態度を育てる

脳科学のある研究では、「何を言うか」よりも「誰が言うか」が優先されてしまうといわれています。そういう意味では、「学習が得意な子どもの意見をよく聞くようになる」というのは、自然な流れといえるでしょう。

しかし、いつも学習が得意な子どもが正しいことを言い、学習の苦手な子どもが正しくないことを言うかというとそれは違います。教師は授業をしながら、話し手に左右されず、話の内容を吟味できる子どもを育てることが大切です。そのためには、以下の姿勢を身につけさせるようにします。

自分の動きを止め、相手の目を見て、うなずきながら聞く

この姿勢が身についたら、「ノートにある自分の考えと比べながら聞く」「メモをとりながら聞く」等、聞く姿勢の難易度を上げていくとよいでしょう。

言い換えがうまくいくためのポイント

子どもたちが他の子どもの説明を再度、自分の言葉で説明し直すということは、伝言ゲームのように説明する言葉が変わっていくことになります。それぞれが説明しようとする過程で、自分の言葉に変えること自体は理解を深めるためによいことといえます。

しかし、言葉が変わることで理解すべきことがズレてしまったり、曖昧になってしまったりしては、何のために自分の言葉で説明し直すのかがわからなくなってしまいます。

そうならないためには、その学習で外してはいけない考え方や言葉を教師がしっかりもっておくことが大切になります。はじめに説明した子どもの説明を聞きながら、外してはいけない考え方や言葉をまず確認します。場合によっては、その子どもの説明を補足しながら、それらを確認するとよいでしょう。

説明をし直す際、127ページの「〇〇という言葉を使って、説明できる人はいますか。」のように提示し、説明させるようにしてもよいでしょう。

そのようにしながら、自分なりに言葉を付け加え、説明できるようにしていきます。説明したものは、翌日以降見直せるようにノート等に記録しておきます。
後日、その考え方を使って課題を解決する際に、記録を見直せるようにしましょう。

それでもうまくいかないときは…

☑ 学習をどの程度理解しているか見直す

→ 子どもの特性を確認する（p.30）へ

☑ 活動の進め方を見直す

→ 授業と関係のないことをしている子どもが増えてきた（p.78）へ

→ 授業が深まらない②［思考の深化］（p.126）へ

板書をそのまま写していて、子どもの思考の流れが把握できない

課題を確認した後、「自分の考えをノートにまとめましょう。」と指示をしました。子どもたちは、一人一人が課題に対して自分の考えをノートに書きました。その後、ノートに書いたことを子どもたちが発表し、学級全体で考えを共有しました。黒板には、考えが整理され、まとめられています。子どもたちは他の人の発言を聞きながら、黒板に書かれた内容をノートに書いています。

授業が終わり、教師は子どもたち一人一人がどのように考えたか評価するためにノートを集めました。どのノートも黒板に書いてあることをしっかりと写してありますが、一人一人の考えの違いはわかりませんでした。

子どもたち一人一人の思考の流れがわかるようにノートに記録させるためには、どのようにすればよいのでしょうか。

△

「自分の考えをノートに書きましょう。」

○

「友達の話を聞いて、
自分に取り入れたいものは
赤鉛筆で書きましょう。」

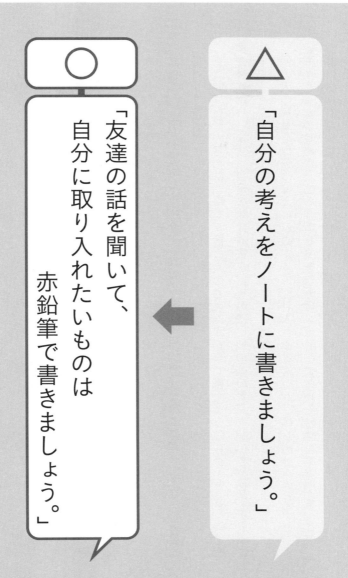

GOOD PHRASE

「友達の話を聞いて、自分に取り入れたいものは赤鉛筆で書きましょう。」

授業中に、子どもたちが「黒板をそのまま写す時間」になっていることがあります。書きながら理解を深めることは大切なことですが、黒板の文字をノートにきれいに写すことだけに満足し、学習内容をしっかりと理解できていないのであれば、それは問題です。

そもそも、授業で学習したことをなぜ、ノートに書くのでしょうか。

私は、「学習して理解した内容を、過程も含めて目に見える形で整理すること」を目的としています。

そこで、自分の考えは鉛筆で、他の人の考えは赤鉛筆で書くようにします。さらに、授業が進んだら、まず、自分の考えを書き、その次に他の人の考えを聞いて整理するようにします。そうすることで、自分自身がどのように考えたか明確になります。

他の人の意見を自分の考えにどのように取り入れるとよいか、はじめは戸惑う子どももいるかもしれませんが、他の人の意見を自分のノートにまとめる時間を確保することで、自然に慣れていくでしょう。

LEVEL

自分の考えをノートに表現する技能を教える

「ノートにきれいにまとめる」ことが目的化すると、学習内容への理解が疎かになりがちです。しかし、自分の思考の移り変わりをわかりやすくまとめることで理解が深まるならば、「ノートをきれいにまとめる」ことを技能として教えることは大切なことといえます。

以下の点について、子どもたちと確認します。

・日付を書く
・本時のめあてやまとめを書いたら、定規を使って線を引く
・他の人の考えや自分の考えを後から付け足すときには、吹き出し等を使う

次ページのようにノートの書式をそろえることにより、自分自身がノートを見返したり、友達と考えを交流したりするときに、どこを見るとよいかすぐにわかるようになります。

言い換えがうまくいくためのポイント

子どもたちは「意見が変わる」ことや「他の人の意見を取り入れる」ことに対して、どちらかというと否定的な感情をもっていることが多いです。しかし、どんなときもオリジナルのアイデアで勝負するというのはとても難しいことであるといえます。

そもそも、「学ぶ」の語源は、「真似ぶ」であるといわれています。「学ぶこと」とは真似ることから始まる」ということを、昔の人は経験的に理解していたのでしょう。

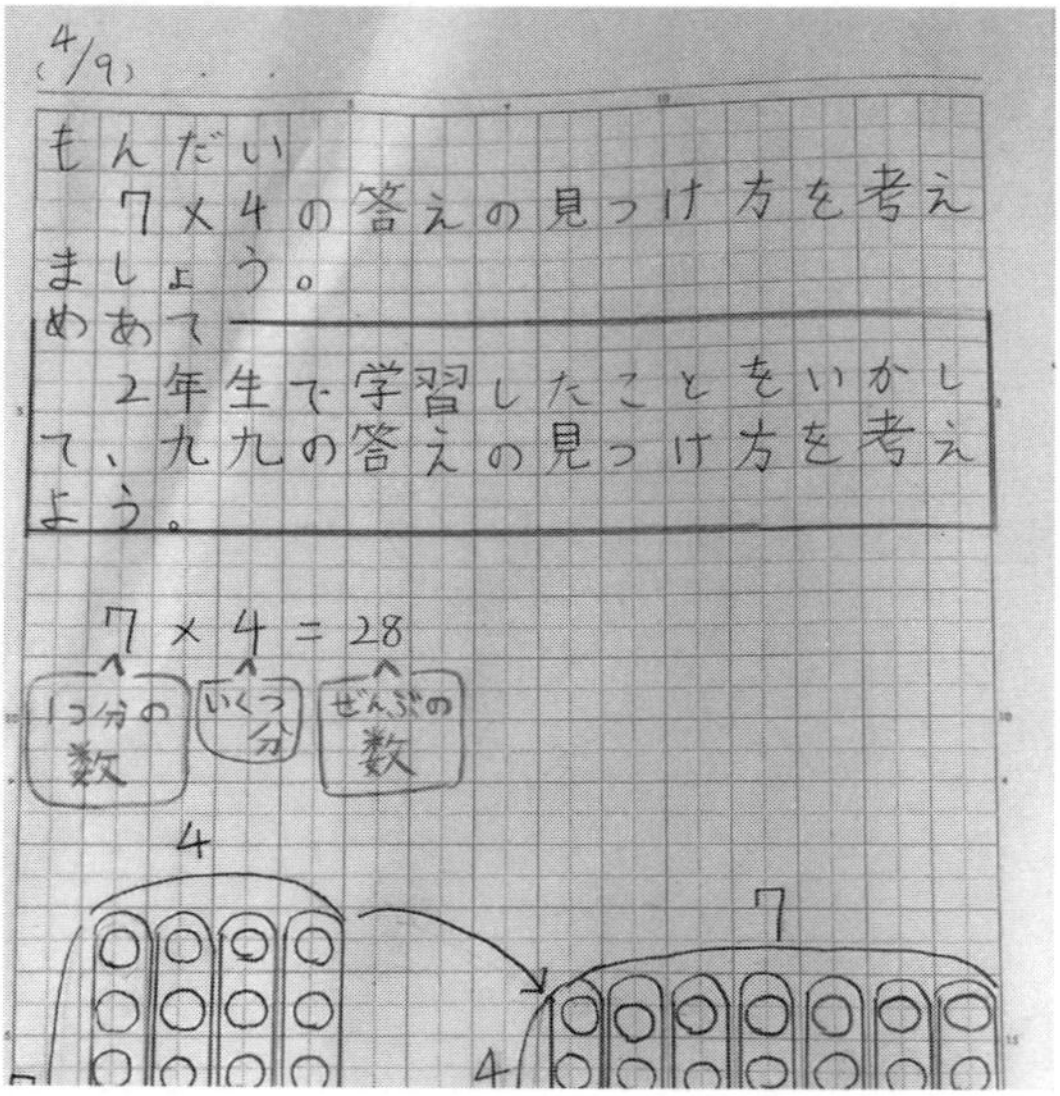

「学ぶ」の語源が「真似ぶ」であることを紹介しながら、「他の人の意見を取り入れて、考えが変わることは成長の証である」という考えを学級全体で確認するとよいでしょう。

ノートの書式以外にも、どのように表現すると思考が整理されるか、学級全体で共有し、子どもたちが具体的に理解できるようにしましょう。

それでもうまくいかないときは…

- ☑ いつ, ノートに書くのか, 授業の流れを見直す
  - 授業内の活動を設定する（p.34）へ
- ☑ 活動の進め方を見直す
  - 授業と関係のないことをしている子どもが増えてきた（p.78）へ
  - 学習が苦手な子の発言を受け止めない（p.132）へ

少しでもつまずくと、自分で考える前に教師を呼んでしまう

授業中、子どもたちそれぞれが課題に取り組んでいます。教師が机間巡視していると、ある子どもが教師に「先生！」と話しかけました。教師がその子どもに対応している間に、他の子どもたちも次々に教師を呼びます。

教師は一人の子どもに対応しているので、すぐに他の子どものところに行くことができません。それでも子どもたちは自分の席から「先生！」と呼び続けます。教師は「もう少し待っていてください。」と伝えますが、子どもたちは教師が来ないことで学習にやる気を失い始めています。

子どもたちが課題を把握し、自分の力で学習を進めるようにするためには、どのようにすればよいのでしょうか。

△

「もう少し待っていてください。」

○

「自分たちの力で課題を解決しましょう。」

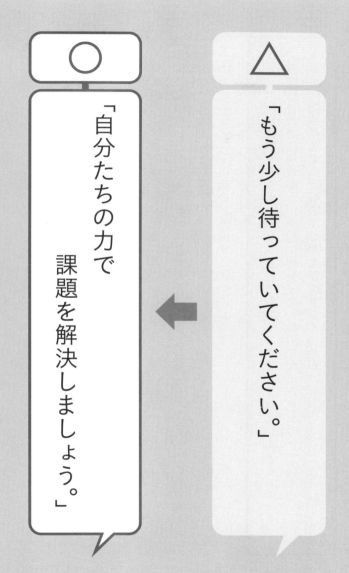

「自分たちの力で課題を解決しましょう。」

教師が子どもにつきっきりでないと学びが成立しない状態では、教師の手が足りず、学級全体での学びが滞ってしまいます。逆に、子どもたちが教師の手を借りず、自分たちだけで学びを進め、深められるとしたら、それは理想の姿といえるのではないでしょうか。

教育の内容は学習指導要領で規定されている以上、完全に教師から自立して子どもたちが学ぶことはないとしても、教師の関わりをできるだけ減らし、子どもたち自らが主体的に学ぶようにしたいものです。

そのためには、以下の視点で見直すとよいでしょう。

- その時間の問題を理解し、適切に課題を設定することができているか
- 課題解決の方法を理解し、適切に行動するためのスキルを身につけているか
- その時間で何をすれば解決なのかを理解できているか

それぞれの場面で教師から自立した形で力を身につけていれば、自分たちで学びを進めることができるでしょう、

上記のような力を身につけるためには、教師が授業を進行するような言葉をできるだけ言わないようにします。

例えば、授業が始まったときに「今日の問題は○○です。問題を見て、今日は何を解決すればいいか、周りの人と確認しましょう。確認ができた人から課題に取り組みましょう。」と伝えます。学級の全員の子どもたちがコミュニケーションをとりながら適切に課題を設定できるようであれば、子どもたちに力がついているといえるでしょう。

課題解決の際も、誰かの回答に安易に飛びつくのではなく、それぞれの回答を吟味し、より深めることができているかが大切になります。

吟味をしたら、最終的にどのように学びをまとめるか子どもたちが理解していることも重要です。その授業のゴールがどこにあるか見えにくいものもあります。子どもたちが学びを進める中で、「どういう状態になったらひとまず終わりか」を学級全体で事前に確認しておくとよいでしょう。

言い換えがうまくいくためのポイント

多くの子どもたちは、「学習が理解できていればいい」という意識だと思います。さらにいえば、「テストでいい点をとれればいい」と思っている子どももいるでしょう。確かに、学習を理解できているか測るためにテストを行っていることを考えれば、そういった考えになるのは当然のことといえます。

そのように思っている子どもたちとまず、「教師の手をなるべく借りず、自分たちだけで学びを進め、深めていくことが大切だ」ということを確認します。そして、日々の学習の中でその姿につながるような行動を見つけ、共有するようにしましょう。

自分たちで学習を進めようとすると、当然、「わからない」という状態と直面します。教室で「わからない」子どもがいると、多くは「教える側」に力点が置かれて指導されます。「どのように助言するか」は重要なことではありますが、それよりも重要なのは、「わからない」場面に出会ったときに、どのように行動するとよいか具体的に教えることです。

その際、「わからないことは恥ずかしいことではない」「『わからない』『できない』を、粘り強く取り組んで『わかった』『できた』にするのが、教室という場所なのだ」という考えを学級全体で共有するようにしましょう。

それでもうまくいかないときは…

☑ **子どもたちが自分たちで学習を進められるように見直す**

→ グループ活動をすると
ふざけて遊んでしまう子がいる（p.90）へ

→ 挙手して発言しようとするのが，
いつも同じ二，三人の子どもになっている
（p.108）へ

理解度の差が大きく、練習問題に取り組むと得意な子が時間を持て余す

授業も終盤に差しかかり、教師はその時間で学習したことを定着させるために、「教科書の問題を解きましょう。」と指示を出しました。指示を受けて子どもたちは、その時間に学習した内容に関連する問題を解き始めました。様子を見てみると、学習が得意な子どもは解き終わって暇そうにしていますが、学習に苦手意識をもっている子どもは一つ一つ確認しながら問題に取り組んでいます。

教師は終了時刻を考え、まだ解き終えていない子どももいましたが、「そこまでにして、解いた問題の答えを確認しましょう。」と声をかけ、答えを伝えていきます。

子どもたちがそれぞれの学習の理解に合わせて、効率よく練習問題に取り組めるようにするためにはどのようにすればよいのでしょうか。

△

「教科書の問題を解きましょう。」

○

「問題を解き終えたら、
自分で答えを確認しましょう。」

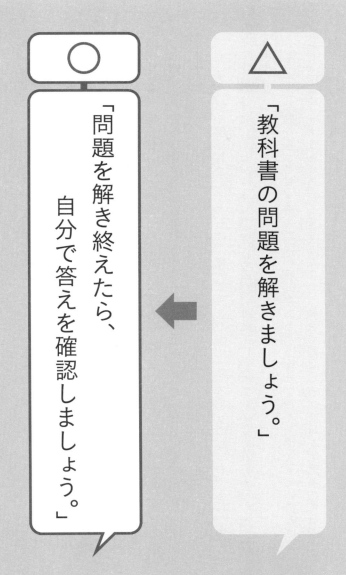

GOOD PHRASE

「問題を解き終えたら、自分で答えを確認しましょう。」

授業で学習したことを定着させるためには、子どもたちが自分のペースで練習問題に取り組める環境を整えることが重要です。通常、一斉に問題を解き、一定の時間が経ったら全員で答え合わせを行いますが、この方法だと早く問題を解き終わった子どもは待つことになります。早く解き終えた子どもには、学習内容を理解できていない子どもに教えるように促すこともありますが、必ずしもその子どもが正しい答えにたどり着いているとは限りません。

そこで、早く解き終えた子どもは、自分で答えを確認できるようにします。正しく答えることができていればノートに自分で丸をつけますし、誤っているようならもう一度、解き直すようにします。

すべての問題を正しく解き終えた後、時間があるようなら学習が苦手な子どものところに行ってサポートするようにします。ただし、教える際には答えだけを教えるのではなく、解き方のプロセスもあわせて教えるよう、指導します。

LEVEL↑

持続可能な方法で、教師が問題と答えを用意する

この方法を採用する場合、教師が問題の答えを事前に用意しておく必要があります。授業の計画を立てるときに、どの問題を出題し、答えはどこにあるかを確認しておくとよいでしょう。

教科書の巻末に載っている練習問題の答えや、採択したドリルなどの問題集に付いている答えを上手に活用するとよいでしょう。どうしてもその場で答えを確認しづらい場合は、子どもたちが解いている間に紙に書き出して置いておき、子どもたちが自分で確認できるようにします。

デジタルドリルは、子どもたちが問題を解くと正誤が即時フィードバックされ、子どもたちの「待ち時間」がなくなります。子どもたちに１人１台端末が支給されるようになり、デジタルドリルも使いやすくなってきました。子どもたちに合ったものを調べ、積極的に取り入れることをおすすめします。

言い換えがうまくいくためのポイント

子どもがその授業で何を学んだのか、正確に理解していないと、自分で解いた問題の答えの確認が疎かになり、問題に取り組む時間そのものが無駄になってしまいます。

ですから、その時間で何を学んだか、解き方のポイントが明確になっていることが重要です。間違えやすいポイントなども明らかになっていると、なおよいでしょう。

子どもが見落としやすい部分があったら、そこに気づきやすいように目立たせておくことも大切です。例えば、算数でいうと答えに単位を書いておくことですし、理科や社会でいえば、説明を書くような問題で使うべき言葉を確実に書けているかというようなことです。

教師は、子どもたちが問題を解き始めたら、答えを確認できる場所を整えておきます。子どもたちは問題をノートに解き終えたら、ノートと赤鉛筆を持ってその場所に行き、正誤を確認します。次々と子どもたちが集まると答えを確認しにくくなる可能性があるため、確認用のスペースや答えを記した紙などは、複数用意しておくとよいでしょう。

また、正誤を確認し終えた後、どのように過ごすかも事前に学級で共通理解しておくことが大切です。

それでもうまくいかないときは…

☑ **答えの準備の仕方を見直す**

→ 授業準備の方法をもつ（p.38）へ

☑ **自分で授業を進められるようにする**

→ 授業と関係のないことをしている子どもが増えてきた（p.78）へ

→ 課題を終えて暇そうな子が周囲の子どもたちの妨げになっている（p.84）へ

授業の終わりに子どもたちの言葉でまとめることができない

授業が順調に進み、いよいよ終盤に差しかかってきました。ここまで子どもたちは課題を解決しようと一生懸命取り組んできました。学習したことをまとめようと、教師が「今日のまとめを発表できますか？」と尋ねました。すると、それまでの活気ある雰囲気が一変し、教室が静かになりました。

教師はその雰囲気を感じ取り、それまでの授業の流れをもう一度、説明し直しました。しかし、子どもたちの表情は曇ったままです。

子どもたちが一生懸命話し合って学んだことを踏まえて、子どもたちの言葉でまとめるためにはどのようにすればよいのでしょうか。

△

「今日のまとめを発表できますか。」

↓

○

「結局、○○のときは?（どうなりますか）
（どうすればいいのですか）」

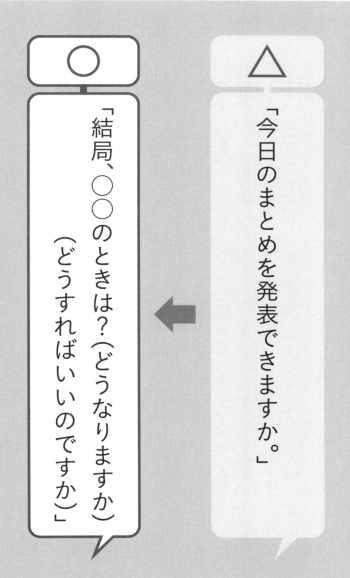

「結局、○○のときは？（どうなりますか）（どうすればいいのですか）」

問題文から課題を正確に把握し、子どもたちが話し合う中で課題を解決することができたとき、教師としてはそこまでの過程を振り返り、一般化したいと考えます。しかし、子どもたちにとって、「自分たちの言葉でまとめる」というのは難しく感じるようです。

それまで学習してきたことを一般化する際、授業冒頭で確認した学習課題をもう一度、確認するようにします。教師としては、授業の冒頭で丁寧に確認しているので、子どもたちが意識していると思いがちです。しかし、子どもたちにとってみると、一生懸命話し合っているうちに、自分たちの課題が何だったのか忘れてしまうことがよくあります。

学習課題をもう一度問い直すと、子どもたちは授業で学習したことをなぞるように発言することもあります。そうしたときは、板書した言葉に線を引きながら授業を振り返るようにします。振り返る中で、「短い言葉でまとめてみましょう。」と投げかけ、一般化を図るとよいでしょう。

LEVEL

学習課題とまとめの書式をそろえる

学習課題が不明確であったり、授業のまとめが授業冒頭で確認した学習課題と一致していなかったりすることがあります。授業の流れの中で新たな問いが浮かび、それを追究していくことがありますが、そういった授業をするためには、相当な技量が必要です。

授業改善の第一歩としては、まず、学習課題と学習のまとめの文章の書式をそろえるようにします。48ページの「「本時の目標」を確認する際、子どもたちから学ぶ意欲が感じられない」の問題を例にすれば、「九九を使っても答えがピッタリにならないわり算の計算の仕方を考えよう」という学習課題に対し、学習のまとめは「九九を使っても答えがピッタリにならないわり算の計算は○○である。」という形でまとめるようにします。

算数に限らず、他の教科・領域でも同様にしてまとめる経験をしていくことで、子どもたちは学習した内容を自分の言葉で一般化できるようになっていきます。まとめることができるようになったら、書式を崩してもできるようにしていくとよいでしょう。

言い換えがうまくいくためのポイント

子どもたちが理解した学習内容を自分の言葉でまとめるためには、学習の課題が適切に設定されているかが重要になってきます。学習の課題が不明瞭であれば、学習をまとめる際、どのようにまとめてよいのかわからなくなります。

48ページの「「本時の目標」を確認する際、子どもたちから学ぶ意欲が感じられない」の問題を例にすれば、「あまりのあるわり算の計算をしよう」という学習課題を提示しがちです。子どもたちはそういった課題を教師から提示されても何も言いませんが、「今日の答えは、あまりがある」ということがこの学習課題からは伝わってきます。

理科でも、「捕まえた昆虫を観察し、まとめよう」という学習課題では、全員が「昆虫を観察してまとめたい」という気持ちにはなかなかなりにくいです。「捕まえた虫を観察し、昆虫かわかるようにまとめよう」という学習課題であれば、前に示した課題よりは、説明したくなるでしょう。

課題を設定するとき、子どもたちが「解決してみたいな」と思ったり、「それはね…」

と言って説明したくなったりするような学習課題を設定できるとよいでしょう。

それでもうまくいかないときは…

☑ 課題との関係性を見直す

→「本時の目標」を確認する際,
子どもたちから学ぶ意欲が感じられない
（p.48）へ

→板書をそのまま写していて,
子どもの思考の流れが把握できない
（p.138）へ

授業が時間内に終わらない

今日は子どもたちが楽しみにしていた理科の実験です。子どもたちは、実験結果を予想し、それぞれノートに書きました。書き終えたところで、全員でそれぞれの予想を共有し、実験の手順を確認します。実験道具を準備し、いよいよ実験が始まりました。子どもたちは目を輝かせながら、実験に取り組んでいます。

教師は、子どもたちが安全に実験できているか見守っています。順調に実験は進み、結果や考察を書く段階になりました。ふと時計に目をやると、授業終了一〇分前になっています。この後、別の学級が理科室を使うことを考えると、すぐに片づけをしなければなりません。慌てて教師は「自分でまとめておきましょう。」と子どもたちに伝えました。

子どもたちがやるべきことにしっかり取り組みながら、授業時間内に終えるようにするためにはどのようにすればよいのでしょうか。

△

「自分でまとめておきましょう。」

↓

○

「今日は、○○が解決すればＯＫです。」

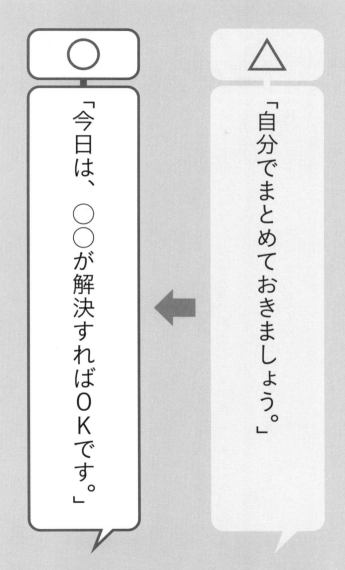

GOOD PHRASE

「今日は、○○が解決すればOKです。」

「想定していた学習が授業時間内に終わらない」という光景をよく目にします。もちろん、アクシデントがあったり、想定していたよりも子どもたちの理解や作業に時間がかかってしまったりすることで、時間内に終わらないということはあるでしょう。しかし、毎回のように終了時刻を過ぎても授業をしているとしたら、授業の構成を見直す必要があります。

毎回のように終了時刻を過ぎてしまう原因の一つとして、「子どもたちの学習の手順が多い」ということが考えられます。一つの授業の時間に、「あれも」「これも」と詰め込んでしまっているのです。

授業の構成を見直す際は、その授業の時間で子どもたちが何を理解し、身につけるべきかを、まず明確にします。そのうえで、子どもたちが行うべきことをリストアップし、必ず行うべき項目の優先順位を決めます。書き出してみると、「必ずすべきこと」は思っていたよりも少ないことがわかるでしょう。

LEVEL

定番の活動を見直す

これまで教師にとって当たり前のようにやってきた「定番」といわれるようなことでも、「その方法でなくてはいけない」というようなものは、実は意外と少ないものです。

例えば理科でいえば、実験の前に予想を立てますが、数人が自分の考えを発表し、それを学級全体で共有するのが一般的でしょうか。

しかし、実験結果が選択肢としてあらかじめ提示できるような場合は、その選択肢を教師が示し、それに対して子どもが挙手をする方法が考えられます。また、「予想とその理由を周囲の人、四人と共有しましょう。」と伝え、子どもたちの考えを交流する方法も考えられます。

授業を見直す際はまず子どもの活動の数を極力減らすようにします。子どもたちのやることを一つ増やしたら、その分、一〇分余計にかかるものと考えるとよいでしょう。同様にして教師のやることも極力減らすようにします。そうすることで、想定外の出来事が起きても、それに対応することができ、結果的に時間内に終わることにつながるでしょう。

言い換えがうまくいくためのポイント

授業の構成を見直す際は、まず子どもたちの机上の整理が行えているか確認するとよいでしょう。不必要なものが机上にあるとそれだけで子どもたちの動きは悪くなります。以下の視点で見直してみてはいかがでしょうか。

・教科書やノート、ワーク類のうち、そのときに使わないものはしまう
・筆箱は決められた位置に置いておく
・他のものも使うとき以外はしまう。使うものは最小限にする

教科書やワークは、ある一定の時間しか使わないことが多いにもかかわらず、ずっと机上に出しっぱなしになっていることが多いです。筆箱の位置も、右利き・左利きによって置く場所は変わりますが、さっとすぐに扱える場所を決め、置くようにするとよいでしょう。必要がない場合はしまっておくと、「筆箱を落とす」というようなことはなくなりま

す。色鉛筆やはさみ、のり等も同様に、使わないときはしまっておくようにします。小さいことなのですが、机上がスッキリすると作業効率は格段に上がりますし、子どもたちがどのように学習しているかも見取りやすくなります。

　机上を整理したら、子どもたちの動線も確認します。特に理科の実験や体育、図工の授業等は、子どもたちがどのように動くか、動線をスッキリさせることでかなり効率化を図れるときがあります。

それでもうまくいかないときは…

- ☑ **まずは一時間の授業の流れを見直す**
  - → 授業内の活動を設定する（p.34）へ
- ☑ **子どもにどのような支援が必要か見直す**
  - → 子どもの特性を確認する（p.30）へ
- ☑ **活動の手順も見直し，わかりやすく提示する**
  - → 課題を終えて暇そうな子が周囲の子どもたちの妨げになっている（p.84）へ

盛り上がった授業が次時や他教科につながっていかない

授業はそれなりに盛り上がり、その授業で学習した内容もうまくまとめることができました。授業終了時刻が来たので、教師は「これで終わりましょう。」と伝え、日直が授業終了の挨拶をしました。挨拶を終えると先ほどまでの盛り上がりが嘘のように、それぞれが次の授業の時刻まで自由に過ごしています。

教師としては、直前の授業の感想や次の授業に向けての意欲等について話してほしいなと思うのですが、そうした姿を見ることはほとんどありません。「授業が盛り上がったから、まあいいか」と思いながら、次の授業の準備に取りかかっています。

次の授業に向けて子どもたちの学ぶ意欲を継続させるためにはどのようにすればよいのでしょうか。

△

「これで終わりましょう。」

○

「では、○○という場合はどうなりますか。」

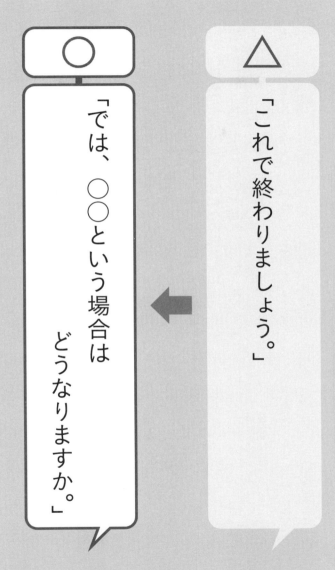

GOOD PHRASE

「では、〇〇という場合はどうなりますか。」

一つの授業がそれなりにうまく流れるようになると、うれしいものです。しかしそのことに満足せず、子どもたちがさらに主体的に学ぶためにはどのようにすればよいか考える読者の方もいると思います。

学習は一つの授業で完結するのではなく、その授業の学びが次の授業の学びにつながっています。学習内容を「単元」として捉えているのは、そのためです。だとするならば、授業の終盤に、次の授業の問題を提示し、学びに連続性をもたせるようにします。

その授業の学習内容を理解した状態であれば、子どもたちは達成感や万能感を感じているはずです。その気持ちを受け止めながら、次の問題を提示すると子どもたちはその問題に対して意欲的に説明を始めるでしょう。時間が許すなら、一、二分間程度、周囲の子どもと話し合う時間をとり、「時間が来たので、また次のときに学習しましょう。」と伝えます。

LEVEL

学びを連続させるためにもう一工夫！

授業の終わりに次の時間の問題を伝え、子どもたちが生き生きとその解決策を話し合うことができても、次の授業が数日後であれば、子どもたちはその内容を忘れてしまうということはよくあります。

子どもたちはたくさんの教科・領域を学んでいます。そのすべてに学びの連続性を求められては、つらく感じるでしょう。授業の終盤に次の問題を予告し、学びに連続性をもたせようとするのは一つか二つに絞るのが現実的といえます。

そのようにしても忘れてしまうこともあります。そういったときはノートに次の時間の問題をメモさせるようにします。そうすることで、事前に問題を解いてくる子どもも現れるでしょう。

国語の文学的な文章を扱って学習する際は、次の時間の問題を事前に伝えておくと、家庭学習で音読に取り組むとき、その問題について自分の考えを整理したり、保護者の方と問題について話し合ったりする子どもが増えるでしょう。

言い換えがうまくいくためのポイント

次の授業に向けて子どもの意欲を引き出すためには、提示する問題の質が大切になります。

授業の終盤に提示した次の時間の問題が難しすぎては、子どもたちは意欲を失ってしまうでしょう。ですから、提示する問題は「そんなの簡単!」と子どもたちが感じるようなものにするとよいでしょう。

慣れてくると、少々難易度が高くても、それまで解決できた成功体験から「よし! やってみよう!」という気持ちが生まれるはずです。子どもたちの様子を見ながら難易度を調整しましょう。

理科で実験をして確かめるような場合は、結果に対する予想が学級で二分するようなものを提示するとよいでしょう。結果に対する予想が学級で二分しているその状況に、子どもたちは次の授業が楽しみになるでしょう。

授業の終盤で提示した問題を、次の時間の冒頭で確認する際は、子どもによって問題に対する捉え方がバラバラなので注意が必要です。休み時間や放課後等にじっくり考えたり、調べたりしている子どもがいる一方で、提示された問題のことなどすっかり忘れている子どももいます。

授業の終盤に問題を提示していたとしても、次の授業の最初にそれぞれの考えをしっかりと整理し、課題を設定するようにしましょう。

それでもうまくいかないときは…

☑ **単元全体の学習について捉える**

→ 授業準備の方法をもつ（p.38）へ

☑ **活動の進め方を見直す**

→ 「本時の目標」を確認する際,
子どもたちから学ぶ意欲が感じられない
（p.48）へ

子どもたち同士でさらに理解を深め合えるようにしたい

担任している学級の子どもたちは学習に対して苦手意識をもっている子どもが少なく、授業が滞りなく進みます。その授業で理解がうまくできていないようなときも、保護者が協力してくれたり、家庭学習で繰り返し練習したりすることで、単元を終えるときにはなんとか理解に至っています。

教師の本音としては、表面的ではなくもう少し子どもたち同士で理解を深め合うような授業になればいいなと思っています。そんな本音を抑え、「授業の内容を理解している人が多くてよかったです。」と子どもたちに伝えました。

日々の授業が滞りなく進むことに満足せず、子どもたち同士で今よりさらに理解を深め合うような授業をするためには、どのようにすればよいのでしょうか。

△

「授業の内容を理解している人が多くてよかったです。」

←

○

「授業の内容を理解できているのは、自分の考えを伝え合ったからです。」

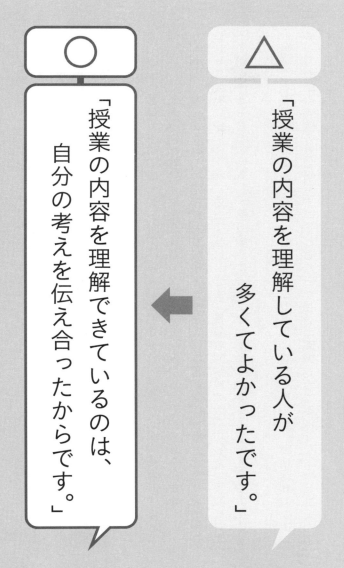

GOOD PHRASE

「授業の内容を理解できているのは、自分の考えを伝え合ったからです。」

教師が子どもたち一人一人をしっかりと見取り、適切に支援することで、子どもたちの学習は充実します。教師の指導力が高まるほど、そうした支援を同時にできる人数も増え、授業が大きく崩れるようなことはなくなっていくでしょう。

しかし、教師が常に安定して支援できるとは限りません。また、自分が授業をするときはいいのですが、他の教師が授業をするとスムーズに進みづらくなってしまいます。

そうならないように、授業の終わりに子どもたちと、学習内容の理解とともにその授業に対する姿勢について、振り返るようにします。授業中、学級で大切にしたい授業に対する姿勢を子どもたちと共有し、振り返ることで、少しずつその姿に近づいていくようにするのです。

振り返る際、解決に向けて学級の他の人とどのように協力できたか、振り返るようにします。教師の支援のみに頼らず、子どもたちが互いに支援し合えるような学級を目指すようにすることが大切です。

LEVEL

定期的に振り返ることで、さらに意識を高める

子どもたちと授業に取り組む姿勢について、定期的に振り返ると意識はさらに上がります。例えば、以下のような内容を振り返るとよいでしょう。

- 学習内容をどの程度、理解したか
- 友達に自分の考えを伝える際、声の大きさは適切だったか
- 話を聞く際、相手を見てうなずいて聞けたか
- さまざまな人の考えを参考にすることができたか

学習課題を解決するために、友達とどのように解決することが望ましいか、具体的な行動を振り返ります。振り返る際は、一定期間、学級で共通の目標を設定し振り返るようにしてもよいでしょう。その場合、「△・○・◎」とその理由だけを書くなどして簡略化すると、無理なく毎回取り組むことができます。

言い換えがうまくいくためのポイント

先ほど示した視点で振り返る際、具体的にどのような行動をとったのか振り返るようにします。子どもたちは「学級の人と協力して取り組むことはいいこと」だとは思っていますが、具体的にどのような行動をとるといいのかわからないことがあります。教師は子どもたちの行動のバリエーションを増やすつもりで、学級全体で共有するとよいでしょう。

子どもたちと共有した具体的な行動は、「なんとなくいいこと」として子どもたちに受け止められますが、学級に定着しないこともあります。そのようなときは、紙に書き出して掲示すると効果的です。

また、目指したい具体的な行動を撮影し、写真や動画で子どもたちと確認する方法もあります。そうすることで、子どもたちはより理解し、自らの行動につなげようとします。発達段階によっては、学級全体で確認されるのを嫌がることもあるので、そのような場合は、撮影する子どもに許可をとってから共有するようにしましょう。

学級目標と関連づけるとさらに子どもたちの意識は高まります。学級目標を掲示しているのであれば、書き出した具体的な行動をその周囲に貼るようにするとよいでしょう。

それでもうまくいかないときは…

☑ **子どもたちが安心して関われるか見直す**

→ 子ども同士の人間関係をチェックする（p.28）へ

☑ **子どもたちが説明の仕方を理解できているか見直す**

→ 挙手して発言しようとするのが，いつも同じ二，三人の子どもになっている（p.108）へ

おわりに

教員になりたてのころ、目の前で起きる出来事に振り回されるように日々を過ごしていました。自分が思い描いていたように進まないことに腹を立て、落ち込み、自信を失っていました。

そのような日々を過ごしている中で、「学級づくり」という考え方と出会いました。

それまでも、「学級経営」という言葉は聞いたことがありました。ただ、具体的にそれが何をするものなのかはわからず、「係や当番を決めるもの」程度に捉えていたように思います。

「学級経営」という言葉からは、どうしても「学級を教師主体で経営する」というメッセージが伝わってきます。しかし、「学級づくり」という言葉からは、学級をつくるのは「教師」だけでなく、子どもも一緒になって取り組めるように感じられます。

「学級づくり」、なんて素敵な考え方なのだと思いました。そして、私自身に足りなかったものは、学級を子どもたちと共につくっていく姿勢だということに気づかされました。

それから私は、どのようにしたら子どもたちと一緒に学級をつくっていけるか、「学級づくり」を中心に学び続けました。「学級づくり」を学ぶようになってからもそれまで同様にさまざまな出来事が起きましたが、子どもたちと一緒に考え解決しようとする中で、出来事に振り回され、疲弊する毎日からは解放されていきました。

勤務している小学校では、年間で一人一回は必ず研究授業を行うことになっていました。一年間の研究計画が作成され、時期を見ながら一人一人が割り当てられます。時折、同僚の先生の学級がうまくいっていない中で、研究授業を行うこともありました。

「今は研究授業で手が回らないから、終わるまでは学級の立て直しは難しいかな。」

と、その学級に関係する職員が話をしているのを聞いていて、「研究授業のために子どもが我慢するというのは何か違うな」と思っていました。

そのころの自分自身の研究授業はどうだったかというと、子どもの姿についてはほめていただくことが多くなってきた一方で、教え方についてはたくさんの課題をご指摘いただきました。

「学級づくり」を学んだことで、それまでよりも子どもたちの意欲を引き出したり、子どもたち同士が関わり合いながら楽しそうに学んだりする姿が授業で見られるようになったとしても、子どもたちが学びを深める姿としては、まだまだ教師としてやることがあるということだったのでしょう。

「学級づくり」について学んできた成果とも取れますが、「学級づくりだけではダメなのだ」ということでもあります。

そう感じてからは、授業とさらに向き合うようになりました。学習指導要領の内容に沿うような形で一人一人の子どもが満足のいく学びができるようにするためにはどうすればよいか考え続けました。

小学校の学級担任は、さまざまな教科・領域を教える必要があります。ある教科・領域の指導に長けていたとしても、他の教科・領域の指導では子どもたちに我慢を強いるようでは、私がもつ「学習指導要領に沿うような形で一人一人の子どもが満足のいく学びができるようにするためにはどうすればよいか」という問題意識を解決することはできません。

数年間、特定の教科について指導の仕方を自分なりに研究しながら、同時並行で他の教科・領域についても考え、ある程度のところまで来たらこれまであまり向き合ってこなかった他の教科・領域へ…、というような形で学び、指導のあり方を考え続けてきました。考え続ける中で、授業づくりもまた学級づくり同様、子どもたちと共に授業をつくっていくことが大切であるということに気がつきました。

そのような気づきの中で、各教科・領域の特性を考慮に入れながら、共通点を見出し、一つの具体的な形として示したのが本書になります。

今回、本書で示したことは、「ゴール」ではないと思います。これまでたくさんの教師が、「よりよい授業とはどんなものなのか」考え続けてきたように、自分自身もまた、学び、考え続けていきたいなと思っています。

本書を刊行するにあたり、教育サークル・はまの風のメンバーに感謝申し上げます。「授業について具体的に突き詰めたい」と思ったときに、その思いに賛同し、一緒に考え続けてくださいました。このサークル活動がなければ、本書は存在していなかったと思います。

また、編集の林知里さんには大変お世話になりました。本書の企画段階から何度も相談に乗っていただき、さらに新たな提案をしていただきました。連絡を取り合うメールのやりとりの中に、私を元気にしてくださる言葉を忍び込ませ、前に進むエネルギーを与えてくださいました。あわせて感謝申し上げます。

松下　崇

引用・参考文献

本書の中で取り上げたものを引用の有無にかかわらず、「引用文献」として示します。それ以外のもので、私自身が関わりのあるものとして捉えているものを「参考文献」として示します。

【引用文献】

・文部科学省ホームページ「「個別最適な学び」と「協働的な学び」の一体的な充実」二〇二一年
(https://www.mext.go.jp/a_menu/shotou/new-cs/senseiouen/mext_01317.html 二〇二四年九月二十一日閲覧)

・大西忠治『発問上達法』民衆社、一九八八年

・文部科学省『小学校学習指導要領(平成二十九年告示)解説 算数編』東洋館出版社、二〇一八年

・文部科学省『小学校学習指導要領(平成二十九年告示)』東洋館出版社、二〇一八年

・田村学『深い学び』東洋館出版社、二〇一八年

・林成之『〈勝負脳〉の鍛え方』講談社、二〇〇六年

【参考文献】

・赤坂真二（編著）『信頼感で子どもとつながる学級づくり　協働を引き出す教師のリーダーシップ　小学校編』明治図書、二〇一六年
・赤坂真二『スペシャリスト直伝！　主体性とやる気を引き出す学級づくりの極意』明治図書、二〇一七年
・赤坂真二『個別最適な学び×協働的な学びを実現する学級経営』明治図書、二〇二二年
・赤坂真二『学級経営力向上シリーズ　指導力のある学級担任がやっているたったひとつのこと　真の指導力とリーダーシップを求めるあなたに』明治図書、二〇二三年
・青山新吾・岩瀬直樹『インクルーシブ発想の教育シリーズ②　インクルーシブ教育を通常学級で実践するってどういうこと？』学事出版、二〇一九年
・阿部隆幸（編著）『「学び合い」が機能する学級経営』学事出版、二〇二一年
・有田和正『有田式教壇研修の方法』明治図書、二〇一一年
・市川伸一『学ぶ意欲の心理学』ＰＨＰ研究所、二〇〇一年
・岩下修『ＡさせたいならＢと言え―心を動かす言葉の原則―』明治図書、一九八九年
・エイミー・Ｃ・エドモンドソン（著）・野津智子（訳）『チームが機能するとはどういうことか――「学習力」と「実行力」を高める実践アプローチ』英治出版、二〇一四年
・エイミー・Ｃ・エドモンドソン（著）・野津智子（訳）・村瀬俊朗（解説）『恐れのない組織――「心理的安全性」が学習・イノベーション・成長をもたらす』英治出版、二〇二一年
・大西忠治『授業つくり上達法』民衆社、一九八七年

・大前暁政『なぜクラスじゅうが理科を好きなのか　全部見せます小3理科授業』教育出版、二〇〇九年
・大前暁政『なぜクラスじゅうが理科に夢中なのか　全部見せます小5理科授業』教育出版、二〇一〇年
・大前暁政『本当は大切だけど、誰も教えてくれない　学級経営　42のこと』明治図書、二〇二一年
・大前暁政『本当は大切だけど、誰も教えてくれない　授業力向上　42のこと』明治図書、二〇二四年
・上條大志『つながりをつくる10のしかけ』東洋館出版社、二〇二二年
・桂聖（編著）・授業のユニバーサルデザイン研究会沖縄支部（著）『教材に「しかけ」をつくる国語授業10の方法　文学アイデア50』東洋館出版社、二〇一三年
・河村茂雄『アクティブラーナーを育てる自律教育カウンセリング』図書文化社、二〇一九年
・ケイト・マーフィ（著）・篠田真貴子（監訳）・松丸さとみ（訳）『LISTEN　知性豊かで創造力がある人になれる』日経BP、二〇二一年
・『授業力&学級経営力』編集部（編）『『授業力&学級経営力』selection「子ども主体」の授業づくり大全』明治図書、二〇二四年
・白石範孝『白石範孝の国語授業の教科書』東洋館出版社、二〇一一年
・杉江修治『協同学習入門　基本の理解と51の工夫』ナカニシヤ出版、二〇一一年
・田中保樹・三藤敏樹・髙木展郎『主体的に学習に取り組む態度　その育成と学習評価』東洋館出版社、二〇二三年
・田村学『授業を磨く』東洋館出版社、二〇一五年
・野口芳宏『野口流　教室で教える小学生の作法』学陽書房、二〇〇八年

・野口芳宏『教師の作法 指導』さくら社、二〇〇九年
・野中信行・井上雅一朗『新卒教師時代を生き抜く授業術 クラスが激変する日々の戦略』明治図書、二〇一四年
・野中信行・小島康親（編）・「味噌汁・ご飯」授業研究会（著）『日々のクラスが豊かになる「味噌汁・ご飯」授業 国語科編』明治図書、二〇一四年
・多賀一郎『子どもの心をゆさぶる多賀一郎の国語の授業の作り方』黎明書房、二〇一〇年
・多賀一郎（監修）・松下崇（編）・チーム・ロケットスタート（著）『ロケットスタートシリーズ 学級づくり&授業づくりスキル 教室環境・学習アイテム』明治図書、二〇二三年
・中山芳一『教師のための「非認知能力」の育て方』明治図書、二〇二三年
・奈須正裕『個別最適な学びと協働的な学び』東洋館出版社、二〇二一年
・奈須正裕・伏木久始（編著）『「個別最適な学び」と「協働的な学び」の一体的な充実を目指して』北大路書房、二〇二三年
・波多野誼余夫・稲垣佳世子『知的好奇心』中央公論社、一九七三年
・堀裕嗣『一斉授業10の原理・100の原則 授業力向上のための110のメソッド』学事出版、二〇一二年
・堀裕嗣『教室ファシリテーション 10のアイテム・100のステップ 授業への参加意欲が劇的に高まる110のメソッド』学事出版、二〇一二年
・堀裕嗣『THE教師力ハンドブック 国語科授業づくり入門』明治図書、二〇一四年
・堀裕嗣『よくわかる学校現場の教育原理 教師生活を生き抜く10講』明治図書、二〇一五年

・堀裕嗣『国語科授業づくり10の原理・100の言語技術　義務教育で培う国語学力』明治図書、二〇一六年
・堀裕嗣『個別最適な学びを実現する　ＡＬ授業10の原理・100の原則』明治図書、二〇二三年
・堀裕嗣『新任3年目までに身につけたい　教師の指導術10の原理・100の原則』明治図書、二〇二三年
・堀裕嗣『主体的に読む力をつける　国語授業10の原理・100の原則　文学初級編』明治図書、二〇二三年
・ポール・タフ（著）・高山真由美（訳）『私たちは子どもに何ができるのか　非認知能力を育み、格差に挑む』英治出版、二〇一七年
・南恵介『国語科授業のトリセツ』フォーラム・Ａ、二〇一八年
・三好真史『授業づくりの言いかえ図鑑』東洋館出版社、二〇二三年
・宗實直樹『深い学びに導く社会科新発問パターン集』明治図書、二〇二一年
・若松俊介・宗實直樹『子どもの見方が変わる！「見取り」の技術』学陽書房、二〇二三年
・宗實直樹『「発問」のデザイン　子どもの主体性を育む発想と技術』明治図書、二〇二四年
・山田洋一『学級経営サポートＢＯＯＫＳ　子どもの笑顔を取り戻す！「むずかしい学級」リカバリーガイド』明治図書、二〇一九年
・渡邉駿嗣『いつもの授業がもっとうまくいく　算数授業の言い換えノート』明治図書、二〇二四年

【著者紹介】

松下　崇（まつした　たかし）

1979年横浜市生まれ。神奈川県公立小学校主幹教諭。日本学級経営学会（JACM）理事。教育サークル・はまの風所属。自身も悩み苦しむ若者の一人であったが，学級づくりを中心に学び続け，学校現場で日夜，全力投球中。

［著書・編著］

『自治的集団づくり入門』（明治図書，2017年）

『ロケットスタートシリーズ　学級づくり＆授業づくりスキル　教室環境・学習アイテム』（明治図書，2023年）

他多数

授業づくりの言い換えことば

「うまくいかない」に効くフレーズ

2025年２月初版第１刷刊

発行者　藤　原　光　政

発行所　明治図書出版株式会社

http://www.meijitosho.co.jp

（企画）林　知里（校正）西浦実夏

〒114-0023　東京都北区滝野川7-46-1

振替00160-5-151318　電話03(5907)6703

ご注文窓口　電話03(5907)6668

＊検印省略　組版所　広研印刷株式会社

Printed in Japan　ISBN978-4-18-454031-6